Hans-Jürgen Weigt

Panamericana

Über Traumstraßen 28.500 Kilometer
solo von Kanada nach Feuerland

HIGHLIGHTSVERLAG

1. Auflage 2020

Fotos Titel: Am Chimborazo in Ecuador

Herausgeber: Wege Verlag GmbH, Unna
Fotos: © Hans-Jürgen Weigt
Satz und Gestaltung: Sylva Harasim
Lektorat: Sabine Rheker-Weigt
Druck und Bindung: CPI – Ebener & Spiegel, Ulm

Print-ISBN: 978-3-933385-90-1
eBook-ISBN: 978-3-945784-14-3

Inhalt

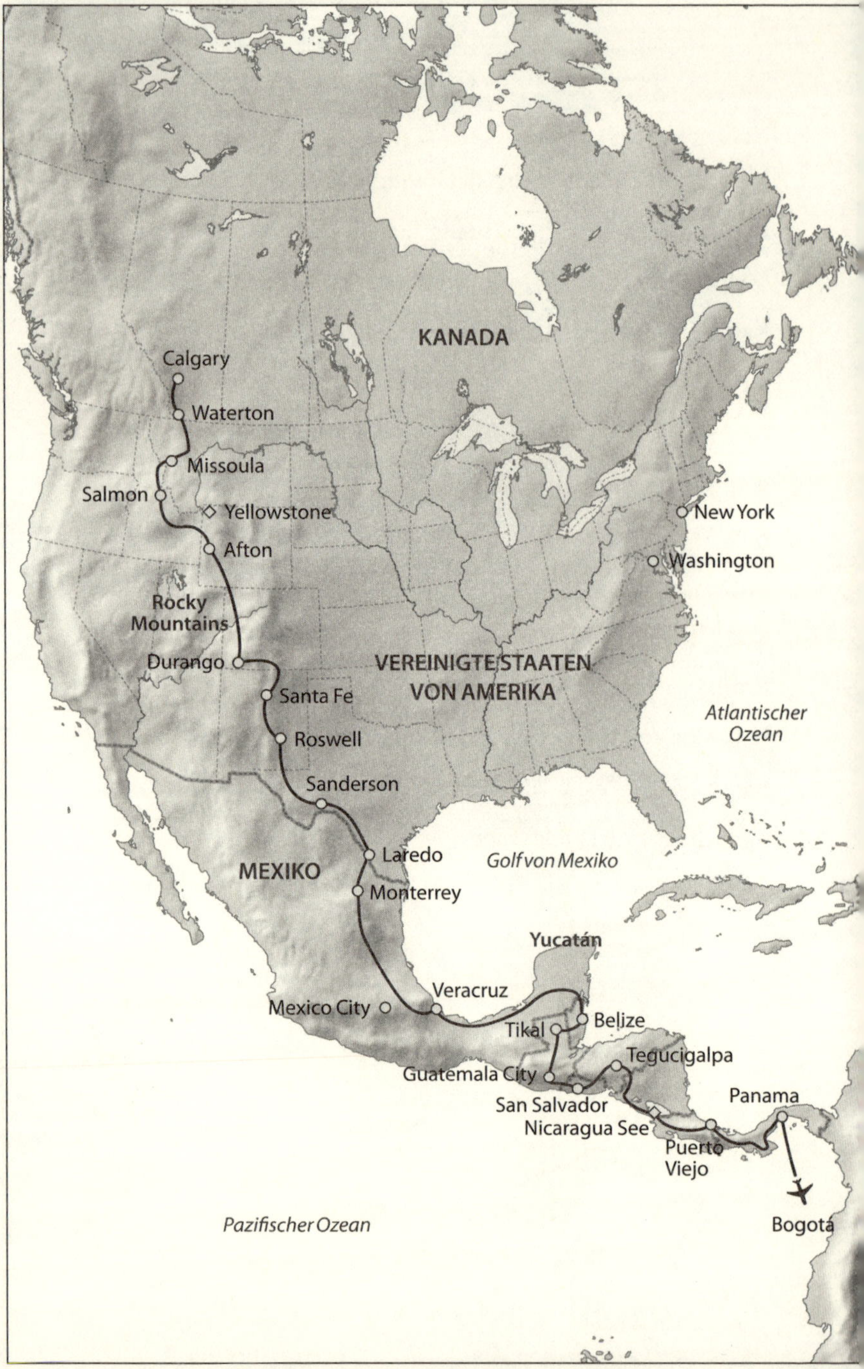
KANADA
Calgary
Waterton
Missoula
Salmon
Yellowstone
Afton
Rocky Mountains
Durango
Santa Fe
Roswell
Sanderson
VEREINIGTE STAATEN VON AMERIKA
New York
Washington
Atlantischer Ozean
Golf von Mexiko
Laredo
MEXIKO
Monterrey
Yucatán
Veracruz
Mexico City
Belize
Tikal
Tegucigalpa
Guatemala City
San Salvador
Nicaragua See
Panama
Puerto Viejo
Bogotá
Pazifischer Ozean

Panama
Bogotá
KOLUMBIEN
San Agustín
Mocoa
ECUADOR
Chimborazo
Amazonas
Piura
PERU
Trujillo
BRASILIEN
Lima
Paracas
Juliaca
BOLIVIEN
Ruta del Morte
Titicaca
Roboré
Pantanal
Brasília
Cochabamba
Campo Grande
CHILE
Iguacu
ARGENTINIEN
Santa Maria
Valparaiso
Santiago de Chile
URUGUAY
Buenos Aires
Montevideo
Bahia Blanca
San Martín
Bariloche
Pazifischer Ozean
Atlantischer Ozean
Patagonien
Rio Gallegos
Feuerland
Ushuaia

Anflug auf die Traumstraße

Die Kiste aus Spanplatten und Metallgerüst sieht unversehrt aus. Jetzt noch ein paar Dutzend Spax-Schrauben lösen, dann kann der Inhalt losrollen. Von Kanada bis nach Feuerland. Das ist der Plan. Und unterwegs bei Freund Normen Station machen. Tief im Dschungel Boliviens.

Fünf Monate soll die Tour dauern. Dazu wird das Motorrad nach Calgary geflogen. Von dort geht es entlang der Rocky Mountains nach Süden. Montana, Idaho, Wyoming, Utah, Colorado, New Mexico, Texas.

In Laredo am Rio Grande beginnt eigentlich erst die Panamericana. 1936 vereinbarten die amerikanischen Staaten, eine durchgehende Straße von der amerikanisch-mexikanischen Grenze bis nach Feuerland am Südende des Kontinents zu bauen.

Mexiko, Guatemala, San Salvador, Honduras, Nicaragua, Costa Rica, Panama sind die mittelamerikanischen Länder, durch die mich diese Straße zunächst führen soll. Weil das Motorrad schon mal in der Gegend ist, soll auch noch Belize angefahren werden. Bis 1981 britische Kolonie, seitdem unabhängig, mit der Queen als Staatsoberhaupt. Angeblich keine 500 Kilometer feste Straße. Mal schauen, was es dort sonst noch gibt.

Dann kommt die Lücke. 90 Kilometer Panamericana fehlen für eine durchgängig befahrbare Straßenverbindung zwischen Panama und Kolumbien. Die Grenzregion besteht aus unzugänglichem Urwald mit Sümpfen und mückenverseuchten Wasserläufen. Dort tummeln sich Drogenbanden und Guerilleros auf kolumbianischer Seite, die dem Weiterbau der Straße und der Durchfahrt im Wege stehen.

Dabei war Panama bis 1903 sogar eine kolumbianische Provinz, ehe das Land mit Hilfe der USA unabhängig wurde. Zum Dank bekamen die Nordamerikaner den Kanal, der Atlantik und Pazifik verbindet, aber Mittel- und Südamerika blieben getrennt.

Also kein Landweg? Recht selten auf dem Globus, dass zwei Länder mit fester Landverbindung nicht irgendwann auch mal einen Fahrweg angelegt haben. Die anderen vier bewohnten Kontinente der Welt kann man von Nord nach Süd und von Ost nach West durchfahren. Nur die südamerikanischen Straßenbauer lassen es in den riesigen Urwäldern und Flusslandschaften langsam angehen – was für Natur und Ureinwohner sicher nicht schlecht ist.

Durch Kolumbien geht die Route, so die Planung, weiter nach Ecuador. Dort wird der Äquator überfahren, und auf der Südhalbkugel wartet die peruanische Grenze. Wieder sind einige touristische Abstecher vorgesehen. Die präkolumbischen Linien im Wüstensand von Nasca liegen noch an der Strecke, aber über den Titicacasee und La Paz wird die eigentliche Route dann wieder verlassen, um ins Tiefland von Bolivien zu gelangen.

Vierhundert Kilometer östlich von Santa Cruz lebt Freund und Kollege Normen mit seiner bolivianischen Frau und den beiden Töchtern. Gemeinsam haben wir in Westfalen beim Syburger Verlag über Motorradthemen geschrieben, bevor dem abenteuerlustigen Normen erst Deutschland und dann auch Europa zu klein wurden. Nun ist er also in Südamerika sesshaft geworden. Behalten hat er seine alte Yamaha Ténéré, mit der er einst auf Weltumrundung ging. Und zwei neu gebaute Garagen.

Dort soll meine 650er einige Monate abgestellt werden. In unseren Sommermonaten ist es in Argentinien und Chile kalt und tief im Süden frostig. Grund für eine Pause. Der Rest der Strecke bis an die Südspitze Amerikas wird also ab November unter die Räder genommen. So der Plan. Über Brasilien, Paraguay und Uruguay wird es in den südamerikanischen Frühling gehen und weiter nach Ushuaia, der argentinischen Hafenstadt auf Feuerland.

Normens Weg

»Noch niemand von der Motorrad News hat mich bisher besucht«, hatte er per Mail geklagt. Dabei wohnt Normen nun schon zehn Jahre bei den Nachfahren der Inkas. Und 15 Jahre ist es her, seit er seine Ténéré gesattelt hat, um die Welt zu umrunden. Bis dahin war er eine feste Größe als Mitarbeiter der Motorrad-News-Redaktion. Und immer schon eher den Reise- und Offroad-Themen zugetan als Rennkurs-Tests.

Den Start seiner Weltumrundung hat er gut hinbekommen. Gen Süden, durch die Wüsten und Steppen Afrikas. Regelmäßig berichtete er über seine Abenteuer. Schließlich war Cape Town erreicht, das Kap der guten Hoffnung. Hier kam er kurz ins Grübeln, konnte sich ein Leben zwischen Atlantik und Indischem Ozean, zwischen Weinbergen und Savanne in Südafrikas südlicher Metropole gut vorstellen.

Das wäre eine etwas knappe »Weltumrundung« geworden. Norman machte sich auf zu neuen Gestaden. Die Ténéré kam aufs Schiff. Von Buenos Aires ging die Reise weiter. Ushuaia an der Südspitze Amerikas fuhr er an. Von Feuerland aus machte er sogar einen Abstecher in die Antarktis. Beeindruckend, doch mit ewigem Eis bedeckt und ohne Straßen und Motorrad. Zählt jedoch als ein eigener Kontinent. Den wollte Normen nicht auslassen. Danach ging's zum Karnevalsumzug.

Über Chile, Bolivien und Paraguay nach Rio. Wenn man schon mal in der Gegend ist …

Land und Leute gefielen Normen so gut, dass er seine Länderliste noch um Peru und Uruguay erweiterte, aber ansonsten in der Region blieb. Und sein Glück fand. Ganz ohne Plan. Denn in Bolivien traf er Cher, Tochter einer Peruanerin und eines Deutschen. Chers Vater hatte sich als Rinderzüchter in Bolivien niedergelassen und am Osthang der Anden eine große Farm aufgebaut. Seine kluge Tochter ging nach dem Medizinstudium ins dünn besiedelte bolivianische Tiefland und arbeitete in den kleinen Krankenhäusern. Und Normen ging mit. Schließlich zog das junge Paar nach Santiago de los Chiapas, einem 1200-Einwohner-Dorf. Als sie dort ankamen, führte noch nicht einmal eine Teerstraße ins 400 Kilometer entfernte Santa Cruz, die größte Stadt Boliviens.

Die Ténéré steht in der neuen Garage. Wenn Normen mit Besuchern durch den Dschungel pirscht oder mal wieder einige Wochen geschäftlich in Deutschland zu tun hat, dann passen seine beiden Kinder auf, dass nichts drankommt.

Ein sicherer Platz, auch für meine V-Strom. Im September soll Normens Ténéré Gesellschaft bekommen. Von Düsseldorf bis Calgary in Kanada hat es die Suzi schon geschafft. Verpackt in einer Sperrholzkiste für den Lufttransport. Nach 18.000 Kilometern, ein paar Abstecher zu touristischen Highlights eingerechnet, soll sie dann erst einmal ins Dschungellager rollen.

Röntgenblicke

Der Anruf von Oliver Kleinknecht überrascht uns im Burger King an der B1. Wir müssen zurück ins Zolllager. Benzin abpumpen. Sonst hebt die Maschine nicht ab. Oliver hat für die

Hamburger Spedition »In time« den Motorradtransport nach Amerika organisiert. Viele bikende Fernreisende werden die Adresse kennen.

Diskutieren hilft nichts, das hat er auch schon telefonisch versucht. Mehr als drei Liter Sprit dürfen nicht im Tank sein. Haben wir eingehalten. Genauso wie die Batterie abgeklemmt und Öl und dergleichen extra in die Transportkiste gepackt. Alles exakt so, wie wir es auch auf dem Transportauftrag unterschrieben haben. Vor einer Stunde haben wir die Sperrholzkiste mit der 650er als Frachtgut im Zolllager am Düsseldorfer Flughafen abgeliefert.

Als wir eine weitere Stunde später dort wieder ankommen, gibt sich Sarah, die Kontrolleurin, unnachgiebig. Röntgenbilder zeigen das Bike in allen Details. Und da sei eben noch etwas im Tank erkennbar. Aber das dürfen wir doch, drei Liter, mehr nicht, das haben wir genau so gemacht und genau so unterschrieben. Will sie aber nicht akzeptieren.

Noch einmal wird die Kiste halb auseinandergeschraubt. Gegen Rechnung, versteht sich. 100 Euro extra, erzählt uns Oliver Kleinknecht später.

Die Packtaschen mit der Motorradkluft, Luftpumpe und etwas Werkzeug darin können bleiben. Der Helm bleibt mit Panzerband an der Gabel kleben. Alles okay damit, zeigt ja das Röntgenbild. Aber der Tank ...

Sarah zeigt uns das Röntgenbild, in farbig und in schwarzweiß, da sei noch Flüssigkeit erkennbar. Die soll raus, obwohl sie unter dem Limit liegt. Bernd, einer ihrer Kollegen, kommt hinzu. Er fährt selbst eine Yamaha FZR. Das bisschen Sprit, das auf dem Röntgenbild erkennbar ist, seien doch keine drei Liter! Wenn bei Autos als Luftfracht fünf Liter Benzin im Tank erlaubt sind, dann sind drei Liter fürs Motorrad ja wohl okay.

Meint er. Und irgendwie müsse man in Kanada doch wenigstens vom Hof der Zollbehörde rollen können. Endlich schmilzt Sarahs Widerstand dahin. Der Schluck Sprit mit dem Motorrad drumherum darf abheben.

Den Ärger mit der scharfen Kontrolleurin hat uns eigentlich ein GS-Fahrer eingebrockt, erzählt Zöllner Bernd. Der hatte ein paar Tage zuvor zusammen mit seiner Maschine in der Transportkiste Gaskartuschen, Schmiermittel und Öl verpackt, obwohl das aus naheliegenden Sicherheitsgründen streng untersagt ist. Die 1200er blieb am Boden. Und jetzt gucken sie bei Motorrädern ganz genau hin.

Super gemacht, Kollege. Da haben sie in fremden Ländern Flughäfen und fahren auf Straßen und Pisten herum, aber Motoröl, W 40 und Gas für den Kocher sollen nicht zu bekommen sein? Eine nicht ganz so schlaue Vorsorge. Erfahrene Fernreisende wissen: Wenn etwas weltweit in den größeren Städten auch der unterentwickeltsten Länder gut organisiert ist, dann ist es das Tankstellennetz. Da haben die Ölkonzerne ihren Job gemacht, mit allen Schmiermitteln, damit die Motoren laufen. Und Cola Zero, Trinkwasser und Schokoladensnacks. Also sollte man nicht alles aus dem Baumarkt mitnehmen, vor allem dann nicht, wenn man vorhat, die Maschine in ein Flugzeug zu verladen.

Nun darf die Suzuki also starten ohne abzupumpen. Noch einmal drehen wir die 100 Schrauben wieder in die Spanplatten. So wie ein paar Stunden zuvor. Und ein paar Tage später werden sie in Kanada wieder herausgedreht. Spanplatten und der Metallrahmen, in dem die Maschine steht, landen dort im Müllcontainer.

Das Transportgestell haben wir übrigens vom Motorradhaus WIKO in Dortmund. Dafür noch mal besten Dank, wir haben gerne etwas in die Kaffeekasse getan. Die Gestelle, in denen einige Marken wie Kawasaki die Bikes zum Händler liefern, werden anschließend eigentlich verschrottet. Mit Schrauben und Spanplatten aus dem Baumarkt überstehen die Metallrahmen jedoch problemlos noch einen Lufttransport.

Für eine Handvoll Dollar

Der kanadische Zollbeamte hebt anerkennend die Augenbrauen. »You are well prepared.« Internationale Zulassung, internationaler Führerschein, Frachtpapiere.

No Problem, die Versandpapiere hat die Hamburger Spedition »In Time« – wie der Name verspricht – rechtzeitig geschickt. Internationale Zulassung und Führerschein wurden bei der Umschreibung der 650er beim Straßenverkehrsamt in Soest gleich mit erledigt. Ein Dokument fehlt allerdings noch. Die USA verlangen eine Genehmigung der Umweltbehörde. Aber nur, wenn man als nicht in Kanada oder Mexiko ansässiger Tourist mit dem eigenen Fahrzeug ins Land möchte. Angeblich braucht die Behörde drei bis vier Wochen, um diese EPA-Bescheinigung auszustellen. Kann jedoch auch länger dauern.

Ohne diese Bescheinigung bekommt man die Maschine nicht aus dem Zoll, wenn sie direkt auf einem amerikanischen Flughafen ankommt. In Calgary interessiert das US-Dokument die Officer allerdings nicht.

Der jüngere Kollege – mehr sind an diesem Morgen nicht »on duty« – kommt herüber. Er ist mit dem Motorrad auch schon mal bis Salt Lake City und dann über Seattle und Vancouver zurück nach Calgary gefahren. »Beautiful journey«, aber nach Costa Rica – mehr habe ich nicht erzählt – good luck!

86 kanadische Dollar fließen noch in die Staatskasse, dann ist der Weg nach Feuerland frei. Jedenfalls – ohne EPA-Bescheinigung – bis zur US-Grenze. Wenn ich dort zurückgewiesen würde, könnte ich noch ein paar Wochen durch Kanada touren, falls die Bescheinigung später kommt. Jedenfalls besser, als wartend am Flughafen im US-amerikanischen Anchorage in Alaska zu sitzen, von wo ich zunächst den Start zur Panamericana-Reise geplant hatte. So sind mir zwar lange Meilen durch den weiten Norden Alaskas und Kanadas entgangen, aber auf dem Weg zur Magellanstraße warten schließlich noch genug unwirtliche Streckenabschnitte …

Powwow

»Es ist nicht Wildnis, es ist Heiligkeit.« Wilton Goodstriker, Ältester vom Stamm der Kainai, beschreibt sein Land. Die Kainai sind einer von vier Stämmen, die im Süden der kanadischen Provinz Alberta und in den angrenzenden US-Gebieten das Blackfeet-Territorium bevölkern. Es ist das größte zusammenhängende Siedlungsgebiet der nordamerikanischen Urbevölkerung. Mittendrin liegt der Glacier Nationalpark. Auf kanadischer Seite ist er nach den wunderschön gelegenen Waterton Lakes benannt, die von steilen felsigen Bergen umrahmt sind.

Den Indianern ist diese Wildnis heilig. Der Wildnis sind die Touristen allerdings nicht heilig. Die Mücken stechen durch die Jeans hindurch. Rehe und Mufflons laufen kauend zwischen den Häusern herum, und in der Abenddämmerung soll man besonders vorsichtig fahren, dann kreuzen Schwarzbären die Straße.

Im kanadischen Dörfchen Waterton, oder, wie der Schwarzfuß sagt, in »Paahtokoosiikoomii«, treffen sich die Einheimischen zum Powwow. Die Nachfahren von Häuptling Sitting Bull kommen im SUV und ziehen sich am Auto um. Auf der Wiese am Seeufer wird die traditionelle Zusammenkunft zelebriert. Bunter Federschmuck, Mokassins, ein würdevoll, mit langsamen Bewegungen vorausgehender Häuptling und begeistert mittanzende Kinder. Eulentanz, Siegesgesänge. Ein Moderator erläutert den nicht so mit dem indianischen Erbe vertrauten Besuchern die Abläufe. Drei Gruppen mit je vier bis fünf Männern machen Musik, singen und trommeln.

Immer schneller wird der Rhythmus, lässt erahnen, wie sich die Krieger in Trance sangen, ehe sie die Tomahawks schwangen. Regen stört die Stimmung kaum. Zwei kanadische Polizisten in der roten Uniform der Mountaineers sind bei der Parade mit dabei, tragen den beigen Hut mit der breiten runden Krempe. Einer der Beamten erkundigt sich freundlich nach meinen Plänen. Down to Santa Fe, aha. Er verbringt hier immer den Sommer, wenn die vielen Touristen kommen. Dann wird die Dienststelle im beschaulichen Waterton verstärkt, erzählt er. Es sei ein schöner Dienst hier mitten in der Natur.

Nach zwei Stunden tanzen die ganz Kleinen, zwei, drei Jahre alt mögen sie sein. Im Hintergrund macht der Großvater ihnen die schleichenden Bewegungen mit den Schultern vor, denen sie etwas ungelenk folgen. Sie sind vom Blood Tribe, nennen sich selbst aber Kainai. Der Name kommt wohl vom rötlichen Pinienholz ihrer heimischen Wälder. So wie die gesamte Stammesgruppe der »Schwarzfußindianer« nach der Asche ihrer Wälder benannt ist, die häufig brannten und durch die sie barfuß und dann mit schwarzen Füßen hindurchliefen.

Die schlechten Lebensbedingungen im Reservat und mindestens zwei Windpockenepidemien hatten die Zahl der Blackfeet zu Beginn des letzten Jahrhunderts auf nur noch 1300

Überlebende reduziert. Heute hat der Stamm wieder über 11.000 Mitglieder und bewohnt das größte Indianerterritorium Nordamerikas, das vom Norden Montanas bis Edmonton in der kanadischen Prärie reicht.

Nach der Feier zeigt mir John Daylight seine selbstgefertigten Jagdbögen, Pfeile und Köcher. Er ist einer der wenigen, die dieses traditionelle Handwerk noch beherrschen. Mit Hirsch- und Elchleder ist das Pinienholz ummantelt. 150 Yards weit kann er damit die Pfeile schießen. Er nimmt mich mit zu seinem Pick-up, mit dem er aus der Gegend von Browning, dem Hauptort des südlichen Reservates, über die Grenze gekommen ist. Aus einer Kiste holt er Rehbock-Geweihe, selbst gejagt und kunstvoll bemalt. Und Miniaturen von Köcher, Pfeil und Bogen. Alles feinste Handarbeit. Schade, auf dem Motorrad ist wenig Platz für Souvenirs.

Border Control

Am Grenzposten von Chief Mountain ist kein Kanadier zu sehen. Langsam fahre ich auf die amerikanische Border Control zu, die nur bei Tageslicht geöffnet ist. Freundlich fordert ein Uniformierter, das Bike abzustellen. Könnte länger dauern, denn Stress haben die Amerikaner nicht. Die Suzuki ist das einzige Fahrzeug, das die nächsten 20 Minuten an der Grenze ankommt. Während im Grenzgebäude Fingerabdrücke und Porträtfoto aufgenommen werden, läuft draußen ein Tier vorbei, schnüffelt kurz am Motorrad. »Coyote?«, frage ich, angesichts der langen dünnen Beine und des grau-weißen Fells. No, no, a Fox, erklärt der Officer.

Nach zehn Minuten bekomme ich das Lob »well prepared«. Er will neben dem Pass und der ESTA-Bescheinigung zur Einreiseerlaubnis nur noch den Internationalen Führerschein sehen. Nach der Zulassung für's Moped und der Erlaubnis der Umweltbehörde, die ich ja nicht dabei habe, wird hier oben in den Bergen nicht gefragt. Well done.

Während er und seine Kollegin mit mir noch dem Fuchs hinterherschauen, lässt der morgendliche Andrang am abgelegenen Grenzposten von Chief Mountain Zeit für etwas Small Talk. »Nice place to work«. Oh yes, alle die hier arbeiten, haben sich freiwillig gemeldet. Es sei so eine wunderbare Natur. Und gestern habe er auf einer Forststraße noch einen Bären gesehen.

Was halten die so von Bikern?

Don't worry. Im Yellowstone Park seien seit seiner Gründung 1890 nur sieben Menschen vom Bären getötet worden. Und immerhin fünf durch Blitzschlag. Die Gefahr sei also relativ. Trotzdem solle ich vorsichtig fahren. Es gäbe auf den nächsten kurvigen Meilen viele freilaufende Rinder.

Sechs Fuß Schnee im Juni

Straßen wie aus dem Bilderbuch. Sanftes Grasland, Kuppen, eine leichte Biegung und weiter immer geradeaus. Und am Horizont majestätisch die scheinbar endlose Kette der Berge mit teilweise schneebedeckten Gipfeln. Von Kanada bis Montana begleitet diese Kulisse die Route. Aber man möchte doch mal irgendwo die Reifen wenigsten ein bisschen rund fahren.

Die »Going to the Sun Road« könnte dafür ideal sein. Über den Logan Pass führt sie quer durch den Glacier Nationalpark. 80 Kilometer schönste kurvige Bergstraße.

Die Maut ist nicht ganz billig. Die Dame an der Zahlstelle ist freundlich. 15 Meilen könne ich in den Park fahren. Ich möchte aber weiter, zum Flathead River. Oh, da müsse ich den Highway Number Two nehmen. Außen um den Park herum.

Oben am Logan Pass sind im Juni noch sechs Fuß Schnee gefallen, also etwa ein Meter achtzig. Die Fahrt über die Traumstraße ist nicht möglich. Wenigstens bin ich mit dem Motorrad nicht in den Bergen vom Schnee überrascht worden. Das könnte auch passieren. Also drehe ich ab, übernachte in der Schwarzfuß-Hauptstadt Browning. Danach geht es hinauf zu »Marias Pass«, einem uralten Indianerweg, den diese lange vor den Weißen verheimlicht haben. Dort verläuft die Wasserscheide der Rockies. Auf der Westseite fließt der Flathead River Richtung Pazifik und füllt den Flathead-See, an dessen Ufern eine wunderschöne Route nach Süden führt.

Crossroads

Missoula, Idaho. 25 Jahre her, dass ich zuletzt mit dem Motorrad hier war. In Milwaukee hatte ich eine Testmaschine abgeholt. Nicht das ganz ideale Fernreise-Bike, eine unverkleidete 1200er Sportster. Harley Davidson feierte damals 90jähriges Jubiläum. Peter Fonda führte auf der eigenen Maschine die Parade zum Michigan-See an. Tausende Harleys folgten. In der Open Air Arena am Strand spielten ZZ Top, fuhren vorher noch mit langen Bärten und ohne Helm mit ihren Bikes, die sie in einem der Trucks dabei hatten, im Backstage-Bereich der Open Air Arena herum. Vorher kurvten sie auf ihren Choppern rund um die Kenworth-Trucks. Die Bikes gehörten, ebenso wie die langen Bärte und Gitarren, zum unverzichtbaren Tour-Equipment der Band.

In Chicago spielten 1993 Michael Jordan und Charles Barkley um die Basketballmeisterschaft und wie immer gewannen die Bulls die Finalserie gegen die Suns aus Phoenix. Karten kosteten auf dem Schwarzmarkt 500 Dollar. Dafür gab es in der Sportsbar von Jordan bei der Liveübertragung eine Menge Drinks. Nach dem Spiel kamen Sir Charles und Air Jordan auch noch zur Party in den roten Ziegelbau mit dem riesigen Basketball über der Front.

Das Haus steht noch. Die Sportsbar gibt es längst nicht mehr. Und die ZZ-Top-Jungs fahren auch kein Motorrad mehr. Fanden sich irgendwann dafür zu alt.

In Missoula hat sich erstaunlich wenig geändert. Die endlosen Reklametafeln entlang des Interstate 90 stehen noch, die wenigen Straßenzüge der historischen Stadt muss man, wie in vielen größeren amerikanischen Orten, zwischen Fastfood-Ketten und Motels suchen. Ein paar Backsteinfassaden, Andenkenläden, Barbershops.

Die Pick-ups sind üppiger als vor 25 Jahren, die Insassen auch.

Heute schleppen die Silverado und Yukon zehn Meter lange Wohnanhänger durch die Gegend. Manchmal hängt dahinter noch ein Pritschenanhänger mit einem übergroßen Allrad-Quad darauf.

Hier im Westen tragen sie Cowboyhüte. Die schützen vor der Sonne und gehören dazu wie die verwaschenen Jeans. Manchmal sieht man in der Heckscheibe der Pick-ups noch, quer festgemacht, eine Winchester.

Mountain Paradise

Das Tal entlang des Bitterroot Rivers ist eine Bilderbuchlandschaft. Grüne Weiden entlang des rauschenden Wassers, Wald die Hänge hinauf und eine kaum berührte Bergwildnis dahinter. Elche, Hirsche, Bären, Wölfe und Berglöwen leben in der kaum bewohnten und zu großen Teilen in Nationalparks geschützten Natur. Vom Menschen wenig bedroht, im Gegenteil. »For Sale« steht an vielen Bauernhöfen und leerstehenden Geschäften in den kleinen Dörfern entlang des Highway 93. Die Gegend scheint trotz der großartigen Natur zu entvölkern.

»Die Rinderzucht lohnt kaum noch«, erzählt Christal abends in der Sportsbar. Es läuft die Fußball-WM, Wiederholung vom Vormittag, niemand schaut hin. Sie hat selber 30 Rinder, aber einen Zweitjob beim »law enforcement«, der Polizei. Schichtweise erreicht man sie am Notruf.

Milchvieh-Haltung geht gar nicht mehr, bei all den Laktose-Intoleranzen, sagt sie. Wenigstens würden noch Steaks gegessen. Kein Zweifel beim Blick auf die Speisekarte und zu den Tischen ringsherum. Tomahawk-Steak heißt das Konjunkturprogramm, fast ein Kilo perfekt gegrilltes Fleisch am Knochen. Es geht auch etwas kleiner. »In Kalifornien denken sie schon anders«, meint Christal. Dort steht man auf Beyond Meat.

Viele Rancher verkaufen, was sie haben, Mähmaschinen, Kleinflugzeuge, Pick-ups. Am Ende sogar Haus und Weiden. Und ziehen weg. Hier, aus dieser wunderbaren Landschaft?, frage ich. Na, jetzt sei Sommer, da sei alles grün, bestätigt sie. Da kommen viele Touristen, am Wochenende sind die Motels und Cabins im Tal oft ausgebucht. Aber in Montana seien die Winter lang.

Fünftausend Kubik

Benzingespräche beim Frühstück. Drei Biker und zwei Sozias dürften locker 300 Jahre Zweirad-Erfahrung zusammenbringen. Man ist mit dem SUV unterwegs und sitzt in der üblichen amerikanischen Retirement-Kleidung zusammen: schlabbrige Jeans, ausgeleiertes T-Shirt, verblasste Tattoos auf sonnengegerbter Haut.

Aber dann geht´s um Motorräder. Die drei Senioren haben zu Hause die ganz großen Kaliber stehen: Indian Chief, Harley Road King und Honda Goldwing. Zusammen gut 5000 Kubik. Und Geschichten, die für mehrere Urlaube reichen würden. Wie sie beim Campen in Wyoming eines Morgens im Juli von 60 Zentimetern Schnee überrascht wurden und samt dem amerikanischen Eisen zwei Tage in der weißen Pracht festsaßen. Den Lost Trail Pass sind sie alle schon oft gefahren, hier nach Salmon in Idaho hinunter. Am besten sei das morgens, kurz nach Sonnenaufgang. Wenn die Hirsche noch am Bergbach stehen.

Draußen schauen sie sich noch kurz die zehn Jahre alte GS aus England an. Roger und Christine sind darauf unterwegs. Mit dem Flieger haben sie die BMW von London nach Toronto gebracht. Zu zweit fahren sie 200 bis 250 Kilometer am Tag durch Prärie und Rockies bis nach Vancouver und dann zurück bis Calgary, von wo die GS wieder abhebt. Zehn Wochen Zeit sind eingeplant. »Listen for the Deers«, raten die Veteranen den Bikern vom alten Kontinent.

Lost

20 Kilometer durch sanftes Hügelland. Weite Kartoffelfelder mit 100 Meter langen Bewässerungsgestellen auf Rädern, die im Kreis laufen. Idaho ist berühmt für seine Kartoffeln. Potatoe State steht auf den Nummernschildern der Autos.

Grau schimmernde Silos am Rande der Felder und dahinter am Horizont leuchten die weiß bedeckten Gipfel des Grand Teton Nationalparks.

Ich habe mir eine wenig befahrene Abkürzung nach Wyoming herausgesucht. Keine nummerierte Straße, das sollte zu denken geben. Aber die Sonne zeigt die richtige Richtung an. Ein paar Quads kommen mir entgegen, die staubbedeckten Fahrer grüßen freundlich. Ansonsten ist tatsächlich nichts los auf der gut geteerten Straße. Dann ein Hinweisschild: Die Gravel-Road, die Schotterstraße, beginnt. Noch sind viele Reifenabdrücke zu erkennen. Die Felder hören auf, ein paar Weiden noch, dann beginnt der Wald. Hin und wieder steht ein Pick-up mit riesigem Wohnanhänger unter den Bäumen. Schließlich ist die Straße nur noch ein schmaler Waldweg mit tief eingeschnittenen Fahrspuren.

Endlich kommen mir zwei Quads entgegen. Ich halte sie an und frage, ob es noch weit ist zum Highway 26. Ten Miles, viel schlechter wird der Weg nicht mehr. Alles klar, danke.

Trotzdem macht sich Jeff Sorgen, ich könnte verloren gehen. Da gebe es einige unklare Abzweigungen. Er spricht kurz mit Delina auf dem anderen Quad, dann nehmen Sie mich in die Mitte. Mit Tempo 50 geht´s durch den Forst. Steil hinauf, bergab lasse ich etwas abreißen. Das unbeladene Quad hat leichte Fahrwerksvorteile ...

Wie viele hier in den Bergen sind Jeff und Delina just4fun mit den Quads unterwegs. Sonntagsvergnügen. Die Forstwege sind dafür freigegeben. In Deutschland unvorstellbar. Ob ich's noch weit habe, will Jeff wissen. Na ja, was soll ich drumherum reden. Eigentlich bis Bolivien, so 9000 Meilen.

Wenn ich die alle auf Backroads fahren wolle, habe ich mir aber was vorgenommen, meint er noch. Er klopft mir ermunternd auf die Schulter, dann verschwinden beide in einer Staubwolke. Thank you so much.

Zu Hause beim Kaufhauskönig

Kemmerer muss man nicht wirklich gesehen haben. Das rosa getünchte Motel wird nur noch von Mäusen bewohnt. Die Halbwüste ringsumher schickt Staubwolken auf die Mainstreet. Let´s move on. Zurück zum Highway.

Da kommt ein Pärchen aus einem kleinen, ungewohnt sorgfältig gestrichenen Holzhaus. Davor eine Tafel. Hier hat J. C. Penney gelebt. Frieda verabschiedet die Besucher und fragt, ob ich nicht mal reinschauen möchte. Eigentlich nicht in staubigen Stiefeln und verschwitzter Motorradjacke. Andererseits – weder sie noch ich haben zu dieser Mittagsstunde größere Pläne.

Drinnen ist es kühl.

Die Museumsführerin erzählt die Geschichte des amerikanischen Kaufhauskönigs. J. C. steht übrigens für »James Cash«. Der zweite Vorname lässt eine gewisse Vorahnung seitens der Eltern vermuten. Ausgerechnet hier, in der halbverlassenen Minenstadt Kemmerer tief in den Rockies, gründete der aus einer armen Familie stammende Penney seinen ersten Laden. Auf der anderen Seite des Platzes kann man in dem Backsteinbau mit der weiß gestrichenen Fassade heute immer noch einkaufen.

Die goldenen Regeln, die seine Mitarbeiter einhalten mussten, damit die Kunden treu blieben, hängen in seinem bescheidenen alten Wohnhaus noch an der Wand. Von 2000 Dollar geliehenem Startkapital bis auf 40 Millionen wuchs sein Vermögen bis zur großen Depression Anfang der 1930er Jahre. Dann war nahezu alles weg, so wie beim Zeitungskönig Hearst und vielen anderen Wirtschaftsgrößen. Nur der Vater von John F. Kennedy und ein paar Wenige machten damals mit Wetten auf fallende Börsenkurse ein Vermögen. Das ist aber eine andere Geschichte.

J. C. konnte einige Läden retten und in den fünfziger Jahren wurde daraus wieder ein Imperium mit 2000 Geschäften. Trotzdem lebte er über Jahrzehnte mit seiner Frau in dem kleinen Holzhaus in Kemmerer, in der trockenen Südost-Ecke von Wyoming. Rührend bemüht zeigt Frieda die Relikte aus dieser Zeit, den gusseisernen Heizofen im Wohnzimmer und die kleine Küche. Dass der Kaufhauskönig so lange blieb, kann sie selber gut verstehen. Die unberührte Natur hier, wo schon mal ein Gabelbock im Garten auftaucht … Sie ist selbst deswegen vor Jahren aus Illinois hierhergezogen.

Heute ziert der J. C.-Penney-Schriftzug noch viele Einkaufs-Malls in Nordamerika. In Deutschland sind Namen wie Neckermann, Hertie und Quelle dagegen schon lange verblichen. Die Geschäfte werden aber auch in den USA immer weniger. Amazon liefert ebenfalls nach Kemmerer.

Schwarzes Gold

Colorado verbindet man in Europa eher mit Skiparadiesen wie Aspen, nicht mit tropischer Hitze. Hier im Westen, zwischen den Bergketten der Rockies, ist die Landschaft jedoch karg und trocken. 42 Grad zeigt das Thermometer im Cockpit der V-Strom, als ich auf 2000 Metern Höhe an einer Ampel in der Kleinstadt Montrose unter der Mittagssonne fast schmelze. Grüne Welle ist in den USA eher die Ausnahme und nach der morgendlichen Kühle in der Halbwüste der Hochebene bin ich viel zu warm angezogen. Durch die luftige Motorradjacke weht kein Lüftchen.

Hinauf zum fast 3400 Meter hohen Red Mountain Pass wird es nur langsam erträglicher. Die Temperatur fällt trotz der Höhe kaum unter 30 Grad. Die Handschuhe stecken längst im

Tankrucksack, die Motorradhose in der Packtasche. Jeanshosen reichen. Die Jacke hat alle Reißverschlüsse offen. Aber nur im T-Shirt und ohne Helm möchte ich auf diesen Bergstraßen auch nicht unterwegs sein.

Zeit für einen Tankstopp und eine Mittagspause. An der Gas Station treffe ich eine Gruppe Harley-Fahrer aus Deutschland, von Denver unterwegs nach Salt Lake City. Einige tragen im Nacken zusammengeknotete Tücher, der Rest simple Halbschalen-Helme. Dazu üppige Sonnenbrillen und die Nasen im Wind. Wobei Wind zugleich Sonne bedeutet. Und darauf waren die frisch vom Frankfurter Flughafen eingetroffenen Easy Rider schlecht vorbereitet. In den zwei Tagen durch die heißen Rockies haben sich einige kräftig die Nasen verbrannt. Dicke weiße Sonnencreme überdeckt nicht alle roten Stellen in den müden Gesichtern, die Halstücher werden bald nach der Tankfüllung wieder bis unter die Augen gezogen.

Verändert hat sich auch das Gesicht der Wüste. Zu beiden Seiten der Straße begleiten über Stunden Rohrleitungen, Pumpen und brummende Kompressor-Stationen den Highway 139. Zwischen den Installationen sind manchmal Pickups unterwegs, deren Fahrer Wartungsarbeiten erledigen. Nur gelegentlich sieht man noch ein paar Rinder unter den niedrigen Akazienbäumen in der kargen Landschaft herumstehen.

Auf der 139 donnern Trucks mit 120 Stundenkilometern entlang und biegen irgendwo auf eine der Schotterstraßen ab, die scheinbar ins Nichts führen. Die Servicehallen von Ölservicefirmen wie Schlumberger, Halliburton und Co. liegen abseits der Hauptstraße. Langsam wird das Land zum Pass hinauf wieder grüner. In einem mit saftigen Weiden und kleinen Baumgruppen geschmückten Bachtal dröhnt hinter hohen

Zäunen ein Kompressor. Wasserleitungen führen den Hang hinunter.

Den neuen Run auf das schwarze Gold hat das Fracking ausgelöst. Wasser, Sand und einige Chemikalien werden bei dieser Technik in die Erde gepresst. Die eigentlich erschöpften amerikanischen Lagerstätten zwischen Norddakota und Texas geben so noch einmal ihre Schätze her. Zehn Millionen Barrel Öl erzeugen die USA inzwischen dank der ökologisch umstrittenen Methode. Jeden Tag. Demnächst sollen es sogar zwölf Millionen Barrel werden. Allein das Öl hat bei einem Weltmarkt- preis von 70 Dollar für ein Fass einen Wert von fast 300 Milliarden Dollar. Oder 900 Dollar pro Amerikaner im Jahr. Hinzu kommt, wie hier in Colorado, Erdgas, das zusätzlich aus dem Boden gepresst werden kann.

Von einer Energiewende scheint das Land der unbegrenzten Möglichkeiten weit entfernt. Eher im Goldrausch wie vor 170 Jahren in Kalifornien. Windparks sieht man kaum, wenn man über Land fährt. An den Tankstellen stehen fette Pick-ups und Vans, groß wie eine Schrankwand. Rund drei Dollar pro Gallone, das sind 3,8 Liter, kostet der Sprit. Nicht teurer als vor 25 Jahren. Bei 200 Litern Sprit, die ein Tahoe oder Navigator fassen kann, sind das gut 120 Euro.

Die Sechs- und Achtzylinder blubbern, als hätte es nie eine Energiekrise gegeben. Alles Benziner, bei denen die ständig pustende Klimaanlage vermutlich mehr verbraucht, als mancher effiziente europäische Dieselmotor.

Fürs Nachtanken der Suzuki hat der Spritdurst einen unschönen Nebeneffekt. Der Zwanzig-Liter-Tank wird oft mit solchem Druck aus dem Zapfhahn gefüllt, dass immer etwas über den Tank schwappt. Auf derartige Kleinstmengen ist das US-Tankstellennetz nicht mehr eingestellt.

Heißer Ritt nach Durango

Der immer kräftiger wehende Südwestwind macht die Fahrt durch die San Juan Mountains etwas angenehmer. Wenn hier oben in den USA die Hitze schon so heftig ist, kann das beim Weg über den Äquator ja noch heiter werden.

Noch einmal geht es eine kühle Strecke hinauf, über den Coalbank Pass, gut 3200 Meter hoch. Hinter der Passhöhe reicht der Blick weit ins Tal, fast bis nach Durango, wo in einer halben Stunde das Tagesziel erreicht ist. Etwa 20 Kilometer voraus steht eine hohe, weiße Wolke über dem Bergkamm am ansonsten dunstig blauen Himmel.

Beim genauen Hinsehen erkennt man zehn Minuten später einen kleinen gelben Schimmer über dem grünen Bergrücken. Ein Waldbrand. Eine kilometerbreite Flammenfront wird von dem kräftigen Südostwind herangetrieben. Bald stehen die Bäume den ganzen Bergkamm entlang in orange-roten Flammen.

Aus einem Waldweg kommt ein roter Feuerwehr-Pick-up. Sofort wird in der kleinen Fahrzeugkolonne, die sich auf dem Highway 550 gebildet hat, Platz gemacht. Dann schaltet der Wagen die Sirenen ein und gibt Gas. Zwei Kurven weiter hat er gewendet, steht jetzt bei den ersten Häusern im Tal und sperrt die Straße in die Berge.

Wildfeuer, durch Blitze oder Unachtsamkeit entzündet, sind jeden Sommer eine Plage in den ausgedehnten Wäldern Amerikas. Die riesigen Flammenwände finden reichlich Nahrung und es dauert manchmal Wochen, bis sie wirklich unter Kontrolle sind. Die Firefighter müssen sich darauf beschränken, die lodernden Flammen von Siedlungen fernzuhalten.

Vor Durango ist ein provisorisches Zeltlager für die Feuerwehrleute aus anderen Orten und Bundesstaaten vorbereitet.

50 kleine Zweimann-Zelte für die Freiwilligen, die im Sommer beim Löschen helfen, sind schon aufgebaut. Und ein paar Kilometer weiter wird ein provisorischer Hubschrauber-Landeplatz für die Lösch-Helikopter eingerichtet.

Durango, einst Kavallerie-Stützpunkt und Ziel mancher Westernhelden, ist heute eine hübsche Universitätsstadt mit Backstein-Fassaden, in der die Leute sogar Fahrrad fahren. Die Bedrohung durch die Feuer in der eigentlich malerischen Landschaft der Umgebung ist spürbar und nicht neu. An vielen Geschäften und Autos hängen Schilder und Aufkleber: »Thank you, Firefighters«.

Im amerikanischen Kurvenparadies

Der höchste Harley-Laden der Welt wirbt an der Main Street. Ich parke meine 650er neben den Big Twins. Drinnen hängen jede Menge T-Shirts, Jacken, Handschuhe. Zwei Fahrer mit Halstüchern auf dem Kopf kaufen Erinnerungsstücke. Die Sonnenbrille über die Stirn geschoben, die Nasen tief zerfurcht vom Sonnenbrand.

»Bist du mit dem Solinger Kennzeichen unterwegs?« Negativ. SO steht für Soest in Westfalen. Wieso denn mit deutschem Kennzeichen? Sie haben ihre Big Twins ab Phoenix, Arizona, gemietet. Zwei Wochen durch die Rockies. Mal ohne Helm Freiheit und Abenteuer genießen. Dafür mit üblem Sonnenbrand.

Wie sie unterschätzen manche Urlauber die Herausforderungen der Touren durch den Westen. Ein Helm ist kein Luxus und Sonnenschutz für Gesicht und Arme wichtiger als die lässigen Fotos mit Bandana und Lederweste für die Kumpel in der Heimat.

Silverton ist ein beliebter Treffpunkt der Biker. Die alte Minenstadt liegt zwischen 3000 Meter hohen Pässen mit vielen Kurven, sogar Serpentinen sind dabei. Indianerstämme haben hier schon vor Ankunft der ersten Weißen Silber geschürft. Im 19. Jahrhundert war das Nest, wie viele Nachbarorte, eine Boomtown. Man kann noch einige Bergwerke aus der Zeit besichtigen. Zugleich liegt in der Umgebung die große Wasserscheide Nordamerikas.

Einige Meilen östlich entspringt der Rio Grande. Ein paar Tausend Kilometer bis nach Laredo in Texas wird er nun zum Begleiter und mündet schließlich in den Golf von Mexiko. Etwas nördlich von Silverton liegt der Canyon des Gunnison Rivers. Spektakuläre 800 Meter tief hat sich der Fluss ins Land gegraben, ehe er in den Colorado mündet. Und der schafft es durch den Grand Canyon bis nach Nevada und Kalifornien. Dort wird ihm buchstäblich das Wasser abgegraben. Am Pazifik in der Baya California kommt sein Wasser nicht mehr an, wird Richtung Los Angeles abgeleitet.

Inzwischen hat sich der Besitzer des Ladens zu uns gesellt. Er freut sich über alle, die mit dem Motorrad herüberkommen. Immer mehr Leute seien mit Pick-up und Anhänger »on the road«. Um dann mit dem Quad in den Bergen herumzufahren. Quads baut Harley aber nicht.

Mit der 650er direkt vor seinem Laden hat er überhaupt kein Problem. »I like V-Stroms.« Hat er tatsächlich gesagt!

Ganz schönes Pfund

In den USA sieht man viel mehr Dreiräder als bei uns herumfahren. Vorne Harleymotor, Tank und Gabel, hinten breit. Carl fährt so ein Teil. Früher haben seiner Frau und ihm zwei Räder gereicht. Aber nun, als Rentner, findet er's einfach bequemer. Und der Hund kann auch mit. So fährt das Trio mit zusammen 150 Jahren Lebenserfahrung vom Sweet Home in den Great Plains von Nebraska hinauf in die Rockies. Die Pässe und Highways sind für sie mit vielen schönen Motorrad-Erinnerungen verbunden. Und in den Motels sitzen sie gerne mit anderen Bikern zusammen und erzählen von alten Zeiten.

Fürs Nötigste hat Carl noch einen Anhänger angehängt. Wie schwer der ist, weiß er nicht. Not much, ist ja aus Aluminium. Ansonsten schätzt er sein Trike-Bike auf 1250 Pfund, über 600 Kilo. Allein die Hinterachse vom Toyota Camry, die er in seinem Trike verbaut hat, dürfte 400 Pfund wiegen. Manche nehmen wegen der Sportlichkeit eine Achse vom Ford Mustang. Der V 2 schleppt das alles. Außerdem hat man es nicht mehr so eilig.

Oldest Highway

Zehn Kilometer fährt man von Taos kommend den Camino Real, wenn man am Ortseingang von Santa Fe rechts abbiegt. Nicht, dass sich das Stück irgendwie lohnen würde. Weder begegnet man den Ochsengespannen kastilischer Siedler, noch kommen einem Franziskanermönche in ihren schlichten Gewändern entgegen. Nicht einmal die neuzeitlichen Harley-Ritter mit ihrem schimmernden Chrom verirren sich auf die unscheinbare zweispurige Straße nach Agua Fria. Dabei fährt man über die älteste Fernstraße Nordamerikas.

Von der alten Aztekenhauptstadt Mexikos aus haben die Spanier die Route nach Norden markiert. Zunächst bis zum Rio Grande, dann dem Fluss und damit dem lebensnotwendigen Wasser folgend bis nach Santa Fe.

Die 1610 von den Spaniern besiedelte Stadt, in Kurzform benannt nach Franz von Assisi, war über 200 Jahre lang die Hauptstadt des nördlichen Mexikos. Besiedelt ist die trockene Gegend seit Jahrtausenden. Pueblo-Indianer haben hier wie in Taos ihre Ziegelbauten errichtet. 1680 vertrieben die Indianer die spanischen Zuwanderer und brannten Santa Fe größtenteils nieder. Zwölf Jahre später waren die Konquistadoren wieder da und blieben. In Santa Fe stehen die älteste Kirche und das älteste erhaltene Haus der USA.

Der Camino Real führte später noch weiter, bis in die Rocky Mountains von Colorado. Im Krieg von 1845 bis 1848 nahmen die USA den Mexikanern dann ihre nördlichen Provinzen ab, von Texas bis Kalifornien, von San Francisco bis San Antonio weht seitdem das Sternenbanner. Dazu kamen später durch Zukauf noch der Süden Arizonas und New Mexicos mit Orten wie Yuma und Tuscon.

Santa Fe ist mit seinen rund 70.000 Einwohnern bis heute die Hauptstadt von New Mexico, obwohl Albuquerque inzwischen fast zehnmal so viel Einwohner hat.

Neben den Spaniern legten nur die Franzosen Wert auf eine befahrbare Nord-Süd-Verbindung. Sie nutzten den Mississippi und die großen Seen, um ihre Besitzungen um Montréal in Kanada mit New Orleans und der Kolonie am Golf von Mexiko zu verbinden. Bis Ihnen die Amerikaner Louisiana abkauften.

Der große Treck nach Westen begann. Der Oregon-Trail im Norden, durch Wyoming und am großen Salzsee entlang, der Santa-Fe-Trail im Süden, von Kansas nach Kalifornien. Dann kamen die Eisenbahnen, die Southern Railway, die Santa-Fe-Railway und in den zwanziger Jahren die Route 66, auf der die Autos rollten.

Anders als bei Spaniern und Franzosen führten die Routen der Amerikaner von Ost nach West, klammerten die Nation zwischen Atlantik und Pazifik zusammen. Das sind auch heute noch die großen Verkehrsachsen, entlang derer die Interstates verlaufen.

Ihnen zu folgen macht mit dem Motorrad allerdings nur begrenzt Vergnügen. Man hat die Wahl zwischen Autobahnen, auf denen die Trucks mit 130 Stundenkilometern entlangdonnern, und kleineren Straßen, auf denen man sich durch die Ortsdurchfahrten mit vielen Ampeln und Verkehr quälen muss. Daher ist die Nord-Süd-Route viel reizvoller. Auf beiden Seiten des Gebirges lebt in den Orten oft noch der rustikale Charme des alten Westens fort. Der Verkehr ist viel geringer als auf den Ost-West-Verbindungen, und die Pässe über die Berge gehören zu den schönsten Strecken, die das ansonsten kurvenarme amerikanische Straßennetz zu bieten hat.

Wenn der Biker in Santa Fe den Walzer tanzt

Joe West gibt alles. In seiner Heimatstadt stellt er Songs aus seinem neuen Album vor, begleitet von seiner wirklich großartigen Band aus einheimischen Musikern. Und auch einen Walzer haben sie dabei. 100 Paare drehen sich im Dreivierteltakt. Ein tolles Bild! Tattoos und Bandanas Arm in Arm mit langen grauen Haaren und ökologisch korrekten Baumwollkleidern. Ein Harleyfahrer mitten drin. Die Schritte sitzen.

Auf der Plaza trifft man sich. Das ganze Jahr über bringen Konzerte von Klassik bis Country Kulturinteressierte in die alte spanische Stadt. Im Sommer treten in der Woche jeden

Abend Bands auf. Mehr Country als Klassik, aber klasse. Das Outfit der Musiker erinnert an alternde Rockstars.

Aus seiner Umhängetasche kramt ein fliegender Händler etwas »Rauchbares«, kniet sich neben dem Kunden auf dem Grasstück und hilft beim Joint drehen. Richtung Kathedrale dürfen die Autos noch an der Plaza entlangcruisen. Der Rest ist Fußgängerzone. Blitzblank geputzte Harleys mit blauer LED-Beleuchtung parken neben dem mobilen Burritostand, der nach dem Konzert wieder abgebaut wird. Wenn die Ampel grün wird, dröhnen Auspuffanlagen, aus den heruntergelassenen Seitenscheiben dringen Musik und ein süßlicher Geruch.

Gelassen beobachtet ein halbes Dutzend Cops das Geschehen, zwei Streifenwagen parken am Rand des Platzes. Um 21 Uhr ist die Performance vorbei. Die ausgelassene Tanzrunde geht nach Hause oder in einen der Pubs oder Clubs, wo weiter Livemusik gemacht wird.

Stop4pride

Rund um die Plaza wehen Regenbogenflaggen. Eine halbe Stunde lang zieht die Pride-Parade durch Santa Fe. Voran zwei Polizisten auf Motorrädern. Viele bunt geschmückte Pick-ups, an denen Firmen und Behörden mit dem »PRIDE«-Schriftzug ihre Sympathie für Schwule und Lesben bekunden. Auf den Pritschen Männer in Frauenkleidern, manche auch nur in Shorts und mit Federboa, Mädels mit Bürstenhaarschnitt. Andere tanzen barfuß durch die Stadt, am Straßenrand wird applaudiert, auch hier sind viele kostümiert.

In den USA nichts Besonderes. Zwischen San Francisco und Provincetown auf Cape Cod gibt es Ende Juni überall öffentliche Bekenntnisse zur Homosexualität.

Mitten in der Parade ein halbes Dutzend Bikes. Keine Harleys, sondern japanische Supersportler, gefahren von Frauen. Einige haben ihre Freundinnen hinten drauf. Ohne Helm, dafür mit bunten Perlenketten. Die Enduro aus Old Europe bekommt auch eine umgehängt.

Canyon Road

Seit den zwanziger Jahren des letzten Jahrhunderts haben Santa Fe und das eine Autostunde nordöstlich gelegene Taos viele Künstler angezogen. Maler, Literaten, Bildhauer. Landleben und Landschaft haben sie inspiriert, etwa auf der Lawrence-Ranch. Die steilen Klippen, in deren Schutz die Pueblo -Indianer ihre Häuser bauten, die immer noch bei Taos zu besichtigen sind. Und die schwarze Schlucht, die der Rio Grande ins Steppenplateau gegraben hat.

Der Adobe-Baustil, aus rötlichem Ton und Stroh geformte Ziegel, die zu flachen eckigen Häusern werden, prägt das Stadtbild Santa Fes. In der Canyon Street reihen sich zahlreiche Galerien aneinander. 250 Jahre alt sind einige der Gebäude. Für US-Verhältnisse ist das antik. Die Grenze von Kunst zu Kitsch ist fließend. Zwischen all den Pferdeköpfen, Nymphen und Prärielandschaften finden sich originelle Werke und bemerkenswerte Werkschauen von Künstlern aus aller Welt.

Die Kühle der Wüstennacht hängt noch in den schattigen Innenhöfen der Adobe-Häuser. Die Teestuben und Cafés öffnen erst um 10, 11 Uhr. Nur wenige der zwei Millionen Touristen, die jährlich nach Santa Fe kommen, sind zu dieser Zeit schon unterwegs. Die meisten Galerien sind verschlossen, die Protagonisten noch nicht ganz wach.

Kunstinteressierte nutzen die frühe Stunde. Zum vormittäglichen Dresscode gehören lange (graue) Haare unterm Cowboyhut. Jetzt ist Zeit, Exponate in Ruhe zu betrachten und ein intensiveres Gespräch mit den Galeristen zu führen. Zumindest mit denen, die schon aufgestanden sind.

Point of Return

Ein letzter Kaffee im Knast von Billy the Kid. Hier, wo der jung erschossene Revolverheld einst im Gefängnis gesessen hat, sind Leute in Bücher, Tablets und Zeitungen vertieft. In der Bibliothek gibt es sogar Frühstück. Die dicken Wände halten den Raum kühl. Draußen steht die gepackte Maschine in der Mittagssonne. Santa Fe ist einer der Orte auf dieser Reise, in dem man auf jeden Fall noch einmal längere Zeit verbringen möchte. Ein Plan für später. Jetzt gilt der aktuelle Reiseplan. Auf in die karge Steppe von New Mexico.

Von den kanadischen Rockies bis zur Route 66 führt der tourentauglichste Teil der Reise. Wer das eigene Bike nicht aufwendig selbst verschicken möchte, der kann mit Leihmaschinen frei geplant oder auf geführter Tour diese sehenswerte Bergwelt und die weiten Landschaften des amerikanischen Westens erleben. Eine gute Auswahl an Angeboten für dieses Erlebnis gibt es im Reisebereich der Dortmunder Motorradmesse. Die gewünschten Highlights können dort im persönlichen Gespräch erörtert werden. Sicherheitsfragen – wie bei der Weiterfahrt nach Süden – spielen auf den Etappen in Kanada und den USA nicht die große Rolle. Den Wetterrisiken mit Tornados, Gewittern, Schnee und Überschwemmungen kann man dank ausreichender Tankstellendichte und Rastmöglichkeiten einigermaßen entgehen. Südlich der Route 66 wird das anders.

An Clines Corners ist der Point of Return erreicht. Die Route 66 kreuzt hier die Route nach Feuerland. Kaffee, Fastfood, nur der vollgestopfte Souvenirladen mit allem möglichen Route-66-Tand fällt aus dem üblichen Rahmen.

Touristisch und mit dem Motorrad reizvoll wäre der Weg Richtung Norden. Man kann noch ein Stück nach Westen Richtung Arizona touren und bei Gallup auf der alten Route 66 Roadmovie-Romantik tanken. Tombstone, Tuscon, San Diego wäre ebenfalls eine interessante Variante. Man kann auch nach Norden zum Grand Canyon abbiegen, über Las Vegas, Death Valley, Yosemite-Park nach San Francisco. Auf dem Highway Number 1 die Pazifikküste hinauf.

Schöne Alternativen, die mit dem Motorrad entspannt zu fahren sind. Genug Motels, Museen, Tankstellen und historische Marker zum Nachlesen, warum schon einmal wer und wann dort vorbeigekommen ist. Nach Süden wird's erstmal einsam und touristisch eher uninteressant. Aber der Plan ist ja, zur Panamericana zu fahren. Also weiter nach Texas, nach Laredo.

Der Mythos der Route 66 macht sie für viele US-Reisende noch heute zum Traumziel. Einmal im Leben, am besten von Chicago bis nach Los Angeles. Viele Motorradfahrer haben das noch vor Augen. Und vertun sich dabei ganz gewaltig.

Heute führt die beschriebene Nord-Süd-Route durch viel reizvollere Gegenden mit dem Charme des alten Westens als die historische Ost-West-Verbindung der Route 66. Die Strecke ist ja nicht, wie die Sella Ronda, wegen ihrer vielen Kurven berühmt. Die 66 war eine Verbindung vom krisengebeutelten Rust Belt mit seinen sterbenden Industrien und den verlassenen südlichen Prärien zu den sonnigen Verheißungen Kaliforniens. Ende der 20er und in den 30er Jahren des vergangenen

Jahrhunderts vertrieben Staubstürme und Trockenheit die Farmer Oklahomas von ihren Äckern, die große Depression ließ die Industriearbeiter an den großen Seen und am Ohio verarmen. Viele packten ihr letztes Hab und Gut in ihre alten Fords und Buicks, um am sonnigen Pazifik ihr Glück zu suchen.

Heute verläuft der Interstate 40 auf der alten Route. Da donnern die Trucks mit Tempo 130 nach Westen. 70 bis 75 Meilen Höchstgeschwindigkeit sind inzwischen in vielen US-Bundesstaaten erlaubt. Die Cops waren vor Jahren, als in den USA ein Limit von 55 Meilen galt, viel stärker hinter Geschwindigkeitssündern her als heute. Jetzt lauern sie mit ihren Radarpistolen vor allem an Ortseinfahrten.

Wer statt des Highways die Städte durchfahren möchte, sieht die immer gleichen Reklametafeln von Imbiss- und Hotelketten und – wenn er sie findet zwischen all den neueren Zweckbauten -- die oft schäbigen Ziegelhäuser entlang der Main Street. Spätestens in New Mexiko kommt die Hitze dazu. Im klimatisierten Leihwagen geht's ja noch, aber beim Stop and Go auf dem Bike wird's richtig warm.

Long way round

Zwei Strecken führen von Santa Fe nach Mexiko. Über El Paso entlang des alten Camino Real erreicht man die Hauptstadt Mexiko City. Der Motorradspaß in der Metropole mit ihren 20 Millionen Einwohnern ist allerdings überschaubar. Und der mexikanische Bundesstaat Chihuahua, den man durchqueren muss, gehört wegen der berüchtigten Drogenbanden nicht zu den besonders empfohlenen Reisegegenden.

Historisch liegt der Beginn der Panamericana in Laredo, der texanischen Stadt am Rio Grande. Von hier sollte eine Teerstraße die Länder Amerikas bis nach Feuerland im Süden Argentiniens verbinden. Seit 1923 wurde das Projekt diskutiert. 1936 unterzeichneten die beteiligten Staaten eine entsprechende Vereinbarung.

In Kanada und den USA gab es damals schon ein ausgedehntes Straßennetz. Aus Marketinggründen rechnen Tourismuswerber inzwischen Etappen wie den Highway Number One in Kalifornien und den Alaska Highway der Panamericana hinzu. Die Straßen haben ihren Reiz. Wer den historischen Spuren folgt, kann aber jeden Weg von Norden bis nach Laredo nehmen. Kanada und die USA bieten eine große Auswahl an lohnenswerten Routen. An der Brücke nach Nuevo Laredo beginnt das wirkliche Abenteuer.

US-Pioniereinheiten halfen in lateinamerikanischen Ländern beim Bau. In El Salvador stehen noch die alten Stahlbrücken, die das »Army-corps of engineers« errichtete. In anderen Regionen, etwa rund um die Metropolen von Panama City, Quito oder Lima, ist die Panamericana heute eine vielspurige moderne Autobahn. Kann man fahren, muss man aber nicht.

Ich werde einige Umwege auf dem Weg nach Feuerland machen. Belize, die unbekannte jüngste Nation Mittelamerikas, die unerschlossenen Bergwelten und Dschungelflüsse Kolumbiens, die kargen Höhen der Anden, der menschenleere Chaco Paraguays und Argentiniens Pampas locken abseits der klassischen Strecke nach Feuerland. Und nach dem »Fin del Mundo« in Ushuaia auf Feuerland geht es durch die Fjordlandschaft Chiles nordwärts wieder hinauf nach Santiago und zum Hafen von Valparaiso. Dort soll ein Container warten, der die Suzuki zurück nach Deutschland bringt. Auf der Dortmunder Motorradmesse soll das gute Stück Anfang März stehen. Wenn sie alle Strapazen der 28.000-Kilometer-Tour übersteht, darf sie ins Rampenlicht der großen Showbühne in Halle 3 der Westfalenhallen. Und vielleicht machen die Stuntartisten der Monster Bike Show damit sogar einen Backflip.

Durchgängig befahrbar ist die Route bis heute nicht. Zwischen Panama und Kolumbien fehlen 90 Kilometer. Berge, Sümpfe und vor allem Reste linker Guerilla-Armeen sowie schwer bewaffnete Drogenbanden sind in dem Gebiet unterwegs. So haben das 1903 unabhängig gewordene Panama und das ehemalige Mutterland Kolumbien bis heute keine befahrbare Landverbindung. Nur Flugzeug und Schiff bleiben dem Reisenden hier, um unbeschadet von Mittel- nach Südamerika zu kommen.

Außerirdisch

Auf dem Weg nach Süden liegt Roswell. Ich wollte schon immer mal wissen, was die Außerirdischen in dieser Gegend gesucht haben könnten. Als frischgebackener Realschüler bekam ich Anfang der Siebzigerjahre von einem bildungsbeflissenen Nachbarn zwei Pappkartons mit alten Readers-Digest-Heften geschenkt. Lange vor Wikipedia standen darin Geschichten aus aller Welt, die zu dem Zeitpunkt meiner Lektüre schon längst nicht mehr in der Tagesschau vorkamen. Politik, spektakuläre Kriminalfälle aus den USA, vergessene Kapitel der jüngeren Weltgeschichte, Kultur. Ereignisse, die mindestens zehn Jahre zurücklagen.

Fortan nervte ich Erdkundelehrer beim Thema China mit Hinweisen auf den vergeblichen Guerillakampf der Tibeter gegen die chinesischen Eroberer. Und ergänzte die Schulstunde mit meinem angelesenen Wissen über den Bau der ersten Eisenbahn quer durch Australien. Und um die spannende Story von der alten Karawanen-Route und den aus Afghanistan importierten Kamelen, die der Verbindung den Namen Old Afghan Trail gaben.

Eine dieser nicht mehr ganz aktuellen Geschichten aus den Readers-Digest-Heften spielte in Roswell. Angeblich ging dort im Frühsommer 1947 eine fliegende Untertasse nieder, in der das amerikanische Militär einige zierliche Gestalten fand. Pixelige Schwarzweißbilder sind seitdem die Grundlage ausufernder Verschwörungstheorien, verbunden mit der Unterstellung, die Fundstücke aus dem Weltall lägen noch irgendwo bei Uncle Sam im Tiefkühlfach. Die Geschichte wurde Grundlage für viele Filme, Bücher und Fernsehserien.

Später im Geographiestudium suchte ich einmal während einer langatmigen Vorlesung nach Anhaltspunkten, was genau die kleinen grauen Männchen mit den großen Köpfen aus den Tiefen des Weltalls nach Roswell ins kakteenübersäte Nirgendwo zwischen New Mexico und Texas geführt haben könnte. Ohne Erfolg. Warum also nicht selbst mal nachsehen, wenn man schon in der Gegend ist?

Eine Ansammlung von Autoservice- und Fastfood-Läden entlang der Hauptstraße, ein aufgegebener Militärstützpunkt, zur Freude der Tourismusbranche ein Museum mit Belegen für die angebliche Landung der Außerirdischen im Ort. Unser norddeutsches Kalkriese mit seinen Relikten der Varusschlacht scheint mir interessanter. Beruhigt fahre ich weiter Richtung Fort Stockton. Die Rosweller müssen sich wohl keine Sorgen machen, dass ihnen sehr bald eine weitere Invasion aus dem Weltall bevorsteht. Vielleicht sind die Außerirdischen wirklich abgestürzt und wollten eigentlich nach Acapulco oder Venice Beach ...

Texas Lightning

Hinter Roswell wartet eine andere Gefahr von oben. Wolken ziehen auf, Blitze leuchten. Ein paar Farmen liegen abseits der Straße. Auf den 80 Kilometern zwischen Pecos und Fort Stockton bietet nur eine einzige Brücke Schutz bei Gewitter. Kurz und heftig donnert und regnet es, dann türmen sich die Wolken abseits der Route. Etwas entspannter fahre ich weiter durch die trostlose Gegend. Eine Stunde später kreist ein Tornado vor mir durch die Steppe. Wieder weit und breit kein Unterschlupf in Sicht. Verhalten rolle ich nach Osten zum Rio Grande hinunter. Der Wirbel zieht von Süden nach Norden, überquert die Straße. Faszinierende Naturgewalt, ich bin froh, als ich an ihm vorbei bin. Immer mehr Ölpumpen und Kompressoranlagen stehen in der Halbwüste. Menschen sind nicht zu sehen. Vollautomatisch quillt das »schwarze Gold« aus dem Boden. Schöne neue Welt.

Fracking sorgt hier im Westen von Texas für einen neuen Boom. Die alten Ölfelder, auf denen schon James Dean im schwarzen Gold duschte, bringen den halbverlassenen Nestern am Rande der texanischen Wüste neues Leben auf Zeit. Wasser, Sand und Chemikalien werden in den Untergrund gepresst. Dort verdünnen und lösen sie die Ölblasen in tiefen Gesteinsschichten, die durch den Cocktail flüssig werden und abgepumpt werden können.

Die Trucks der Bohrfirmen donnern über die zweispurige Landstraße. Überall liegen die Reste geplatzter LKW-Reifen – gefährliche Drahtgeflechte, wie ich bald merken werde. Kurz vor der mexikanischen Grenze muss ich den Bridgestone-Hinterreifen tauschen, weil ein Stück Draht für schleichenden Luftverlust sorgt. Als ich zum ersten Mal auf dem Motorrad tatsächlich einen Blitzschlag abbekomme, bin ich schon in Panama.

In der Kakteenmetropole

Paris, die Hauptstadt der Liebe, New York, der Schmelztiegel der Völker und Kulturen, zugegeben, da fällt Sanderson etwas ab. Irgendwann hat dort mal jemand Geld für das Schild »Cactus Capital of Texas« in den Sand gesetzt.

Der durchschlagende touristische Erfolg lässt offensichtlich noch auf sich warten. Im Gegenteil. Motel, Tankstelle und Ladenlokale machen einen tristen Eindruck, einige der staubigen Häuser wirken verlassen. Der Fernverkehr fließt längst über den Interstate 10. Sanderson wirkt wie ein vertrockneter alter Kaktus, der nach Jahren der Dürre einsam und staubbedeckt in der Wüste steht. Vielleicht war es nicht Optimismus, sondern Sarkasmus, der den Schöpfer des Schildes antrieb.

Mit dem Motorrad wird es auf der alten Straße nach Eagle Pass unerwartet heikel. Es gibt auf den nächsten 90 Kilometern keine intakte Tankstelle mehr. Ohne Vorankündigung fährt man an sieben oder acht Ruinen entlang, mit halb eingestürzten Dächern und rostigen Ketten vor den Zufahrten.

Mit etwas geringerem Tempo lässt sich der Benzinverbrauch der Suzi gut senken, statt fünf Litern im Schnitt reichen dem Zweizylinder weniger als 3,8 Liter für die nächsten 100 Kilometer. Ich behalte die präzise Reichweitenanzeige der V-Strom im Blick.

Im Süden liegt die Schlucht des Rio Grande. Ein paar Autos mit Bootsanhängern und Jet Ski auf der Ladefläche kommen mir entgegen, biegen ein auf die Schotterwege zum Amistad Reservoir. Devils River heißt der Nebenfluss des Rio Grande, der den Stausee mit seinen kaum bewachsenen Ufern inmitten der Wüstenlandschaft speist.

Die Inns und Roadstops sind verfallen. Wie so oft in Amerikas Westen werden die Orte entlang der Straßen verlassen, wenn diese ihre Bedeutung als Verkehrsverbindung verloren haben. Etwas Route-66-Romantik findet sich hier auf dem Highway 90. Auf den Hügelkuppen zeichnen sich die Silhouetten der Geländewagen ab, aus denen Grenzpolizisten nach Mexiko blicken.

Old Mining Road

In Eagle Pass endlich die Tankmöglichkeit. Bis Laredo sind es 125 Meilen über den Interstate. Kein Problem bei 450 Kilometern Reichweite und vier Stunden Tageslicht. Auf der Karte scheint eine Abkürzung möglich. 40 Kilometer weniger. Die »Old Mining Road« führt dicht am Rio Grande an der Grenze entlang. Irgendwann endet der Teerbelag. Aber wozu hat man eine Enduro?! Die nächsten 70 Kilometer werden unerwartet lang. Und dramatisch. Ich halte bei einem Pick-up der Border Control, die hier alle zehn Kilometer unterwegs ist, und erkundige mich nach dem Zustand der Strecke. Bis Laredo seien es ein bis zwei Stunden, es kämen einige sehr sandige und einsame Passagen. »Take care.«

Die Wüstenpiste säumen blaue Wassertonnen, an denen »Aqua« steht. Lebensretter für die Flüchtlinge aus Lateinamerika, die hier durch die Einöde in die USA einwandern. Auf den nächsten 40 Kilometern kommen mir keine Privatwagen mehr entgegen.

Die voll beladene V-Strom schlingert durch sandige Trockenbetten. Das geht gerade so, ohne an den Bridgestones Luft abzulassen. Als ich eine Spur ganz am Rand der Piste suche, rutscht das Vorderrad weg in den feinen, tiefen Wüstensand. Ich stecke fest. Seit 15 Kilometern habe ich keinen Menschen gesehen.

Ich könnte Luft ablassen. Auf der Dortmunder Motorradmesse habe ich eine praktische Miniluftpumpe gekauft. Die steckt in der Packtasche. Aber bei der Hitze ist mir jeder zusätzliche Handgriff zu viel. Mit Schweiß und brachialer Gewalt zerre ich die Suzuki wieder auf festen Grund und fahre noch vorsichtiger weiter. Tiefe Sandpassagen in trockenen Flussbetten, sengende Sonne. Auf der Suche nach Schatten halte ich am Pistenrand. Die Dornenbüsche sind keine zwei Meter hoch. Ich könnte mich darunter setzen. Dann fällt mir die Warnung der liebenswürdigen Lady im J. C.-Penney-Museum wieder ein. »Take care, there are a lot of rattlesnakes.« Nach der zwanzigsten Kuppe sind wieder nur der sandige Track und die endlose Halbwüste zu sehen. Wirklich Zeit für eine Pause. Hinsetzen will ich mich wegen der Klapperschlangen und Skorpione, die irgendwo lauern, auch nicht. Nicht mal die Border Control ist noch zu sehen. Mir geht das Lieblingswort amerikanischer Rap-Songs durch den Sinn, schimpfe vor mich hin. F ...

Was soll's?! Dreißig Meilen weiter warten ein klimatisiertes Zimmer und die Nachricht von der überraschenden Fußball-Pleite Deutschlands gegen Südkorea. Mit leichtem Schüttelfrost vom beginnenden Sonnenstich gebe ich Gas. Let's make my day, würde Clint Eastwood vielleicht denken und DIRTY bin ich nach den Stunden im staubigen Wüstensand sowieso. Längst ist mein bisschen Trinkwasser aufgebraucht.

43 Grad zeigt das Thermometer im Cockpit. Schwerstarbeit mit Helm, aber nicht zu vergleichen mit dem Schicksal der

Flüchtlinge, die zu Fuß den harten Weg durch die Wüste nehmen und mit Glück an einer Aqua-Tonne Rettung vor dem Verdursten finden.

Hilfe vom LaPD

Also weiter, mit Schüttelfrost. Die Anzeichen für einen Hitzschlag mehren sich. Irgendwann wird der sandige Track zur knüppelharten breiten Wellblech-Piste. Ich bin wieder im Ölland. Alle Viertelstunde begegnen mir nun Trucks, riesige Staubwolken hüllen die Maschine und mich ein.

Es geht nicht mehr. Ich winke einem ziemlich neuen, frischgewaschenen schwarzen Chevrolet-SUV. Der Fahrer steigt aus, am Gürtel der Jeans baumelt ein Colt im Halfter. Die Trommel ist mit Patronen gefüllt. Hoppla, ich bin im alten wilden Westen. Egal, ich frage nach Wasser. Er kramt hinter seinem Sitz, gibt mir eine eiskalte Wasserflasche, noch eine zweite. Noch 30 Kilometer bis Laredo. Bis zur Teerstraße sind's zwei Meilen, sagt er mir. Die beste Nachricht des Tages. Jetzt sehe ich auch das Abzeichen an seinem Hemdkragen. LaPD. Laredo Polizeidepartment. Gibt's das nicht sogar als Krimiserie? Dann verschwindet der Chevi im Staub.

Ich stehe noch ein paar Minuten neben der Maschine, trinke in kleinen Schlucken das eisgekühlte Wasser. Nun bremst plötzlich jedes vorbeifahrende Fahrzeug. Die Fahrer geben Zeichen, ob alles okay sei, mancher hält auch, fragt, ob die Maschine ein Problem hat. Alles fine, thank you.

Eine beruhigende Erkenntnis. Wenn's drauf ankommt, wäre Hilfe da. Falls Menschen in der Nähe sind.

Der erste Schaden in Laredo

Amerikanische Hilfsbereitschaft erlebe ich auch am nächsten Morgen. Nach dem Ritt durch die Wüste habe ich der V-Strom abends einen halben Liter Öl spendiert. Verbraucht hat sie auf den 4600 Kilometern seit Calgary kaum etwas. Auch sonst hat ihr die Strecke anscheinend nichts ausgemacht. Trotzdem fahre ich mal kurz beim Fachhändler vorbei.

Jeff begrüßt mich lächelnd mit Handschlag wie einen guten alten Kunden. Ob er die Kette prüfen könne, sonst sei am Bike wohl alles in Ordnung. Ja gerne, aber das würde mindestens zwei Stunden dauern. Die Werkstatt sei busy. Ich erzähle ihm, dass ich abends in Monterrey sein möchte und nicht weiß, wie lange die Abfertigung an der mexikanischen Grenze dauert.

Woher ich komme?

From Germany. Das Bike auch. Und all the way down from Canada.

Und was wolle ich in Mexiko?

Durchfahren. Nach Terra de Fuego. Argentina.

Really?

Sure!

Dann wird er sofort mal in der Werkstatt nachfragen. Wenig später steht die Suzi auf dem Montageplatz.

Der Industriebau am Highway zur Rio-Grande-Brücke ist zu zwei Dritteln mit Quads gefüllt. Die Dinger sieht man in ländlichen Gegenden der USA inzwischen häufiger als Zweiräder. Auf großen Anhängern werden manchmal gleich mehrere hinter den Pick-ups hergezogen, um von Parkplätzen am Rande der Wildnis ins Gelände zu driften.

Von 3000 bis 20.000 Dollar reicht das Angebot der spartanisch ausgestatteten Allradgeräte. An Zweirädern stehen je etwa 15 Yamahas, Suzukis und Kawasakis im gut klimatisierten Showroom von Adventures Laredo. Auch einige Gebrauchte anderer Marken hat das »MC Supercenter« im Angebot.

Jeff holt mich in die Werkstatt. Ein Problem – der Hinterreifen hat zu wenig Luft. Sie haben genauer hingesehen. Ein Metallstück steckt in der Lauffläche. Vielleicht ein Draht von einem der vielen Reifen der Öllaster, die auf den letzten 600 Kilometern am Straßenrand lagen.

Schade um den Bridgestone, dessen Profil die ersten 4600 Kilometer der Tour gut überstanden hat und mindestens doppelt so lange gehalten hätte. Mit einem geflickten Pneu möchte ich auf den holprigen, unsicheren Landstraßen Mexikos lieber nicht unterwegs sein.

Jeff hat einen einzigen Hinterreifen in passender Größe vorrätig. Keine bekannte Marke, aber offroad sei der ganz gut. Ich solle nur nicht versuchen, damit auf nasser Straße zu bremsen ... Wenigstens grinst er, als er das sagt. Ich habe ja vorne noch den Bridgestone, beruhige ich ihn – und mich.

In der Werkstatt legt Jeffs Kollege Auguste fachmännisch Hand an. Das Quad, an dem er vorher geschraubt hat, muss warten. Eine Stunde später wechseln 219 Dollar den Besitzer, zuzüglich 17 Dollar für die Steuer. Sichtbar zufrieden steht Auguste für's Foto neben seinem Werk.

Fahrer und Maschine sind erfrischt und gewappnet. Die netten kleinen Erlebnisse von den kanadischen Rocky Mountains bis zum Rio Grande waren nur ein Warm-up.

Nun beginnt der abenteuerliche und unkalkulierbare Teil der Panamericana.

Die Brücke

Den acht Männern sind die Hände hinter dem Rücken gefesselt. Angeregt unterhalten sie sich beim Gang über die Brücke. Auch ihre uniformierten Begleiter sind miteinander im Gespräch. Routine an der Grenze zwischen Mexiko und den USA. Die illegalen Einwanderer, die hier erwischt werden, ehe sie in einer der nördlichen Großstädte untertauchen können, müssen direkt den Rückweg nach Mexiko antreten. Viele versuchen, bald darauf wieder unbemerkt an der Grenzpatrouille vorbeizukommen. Unten am Fluss steht ein vier Meter hoher Zaun. Mit der Mauer, die Donald Trump bauen will, haben sie noch nicht angefangen.

Meine Ausreise interessiert niemanden und geht ganz schnell. Erst auf der mexikanischen Seite werde ich gestoppt. Drei Dollar fünfzig Mautgebühr für die Brücke. Das war's. Richtung Texas stauen sich die Autos auf drei Spuren. Eigentlich hätte ich auch noch zum amerikanischen Zoll gemusst, um die Ausfahrt mit der Maschine anzuzeigen. Aber jetzt umkehren und lange erklären, warum ich von der falschen Seite komme?

Die mexikanischen Grenzer machen nur einige Stichproben. Ich überlege kurz, ob ich irgendwo anhalten soll. Das sind ja fast europäische Verhältnisse bei der Fahrt in den Süden! Dann bin ich auch schon aus dem Abfertigungsbereich heraus. Alles etwas unübersichtlich und fast zu einfach.

Was soll's? Mehr, als dass mich die Mexikaner samt Maschine über den nächsten Grenzübergang wieder rausschicken, kann eigentlich nicht passieren. Die Suzuki rollt weiter und ich bekomme nicht mal einen Stempel in den Pass.

Erst 2000 Kilometer weiter, bei der Ausreise nach Belize, wird das den Zöllner stutzig machen.

Auf in die »Schurkenstaaten«?

Die tropischen Reiseländer auf dem Weg durch die Amerikas haben es in sich. Endlose Strände, üppige Natur und fruchtbare Vulkanlandschaften, in denen von Mangos bis Bananen, von der Kaffeebohne bis zur Kokosnuss die herrlichsten Früchte wachsen. Ein Kultur- und Völkergemisch. Die Mayas haben steinerne Städte ihrer 5000 Jahre alten Kultur hinterlassen. Die Nachfahren schwarzer Plantagensklaven, die Garifuna, pflegen entlang der Karibikküste eine eigene Sprache und ihren entspannten Lebensstil. Die spanischen Konquistadoren gründeten Städte, Klöster, Haziendas und Häfen.

Die Engländer gründeten einen »Schurkenstaat«. Belize erschien als Britisch Honduras auf der Landkarte, als die Engländer nach dem Friedensschluss mit Spanien die Piraten loswerden wollten. Für die etwas beschönigend »Baymen« genannten Seeräuber im Dienste ihrer Majestät wurde an der sumpfigen, moskitoverseuchten Küste der Karibik ein Gebiet von der Größe Hessens ausgesucht. Damit sie nicht weiter auf dumme Gedanken kamen und vor allem, weil man sie nicht auf den heimischen Inseln haben wollte, sollten sie sich unter dem Schutz britischer Soldaten am westlichen Karibikstrand ansiedeln und ein friedliches Leben zwischen malariaverseuchten Lagunen, dichtem Dschungel und von Haien und Kaimanen durchpflügten Meereswellen führen. Erst 1981 wurde der Landstrich unabhängig. Gerade mal 350.000 Einwohner teilen sich heute das Gebiet. Zum Vergleich: Allein Frankfurt hat 700.000 Einwohner. Und das etwa gleich große El Salvador bevölkern sieben Millionen Menschen.

Belizes Nachbarländer Mexiko und Guatemala leiden unter Bandenkriegen und Drogenschmuggel. Wer dazu die Reisewarnungen des Auswärtigen Amtes liest, geht vielleicht erst einmal zum Notar, um sein Testament zu aktualisieren. Vor Bandenkriminalität, Überfallgefahr und allerlei sonstigen Risiken – von fiesen Mückenstichen bis zu bissigen wilden Tieren – werden Reisende ebenso gewarnt wie vor falschen Polizisten, Kidnappern und Trickdieben. Honduras und El Salvador sind die Länder mit den höchsten Mordraten der Welt. Je 100.000 Einwohnern lag Honduras im Jahre 2016 bei über 100 Taten, El Salvador bei gut 60. Zum Vergleich: Deutschland zählt vier Fälle pro 100.000 Einwohner.

In Nicaragua regiert der ehemalige Revolutionsheld Daniel Ortega mit seinem Familienclan immer korrupter und autoritärer. Studenten und bürgerliche Opposition proben den Aufstand, dabei kamen hunderte Menschen ums Leben.

Panama hat seinen Ruf als gigantische Geldwaschmaschine zuletzt mit den Panama Papers wieder unterstrichen. Bleibt das wegen seiner Friedfertigkeit und schönen Natur gerühmte Costa Rica als vermeintlicher Hort der Ruhe. Bis zu eine Million Flüchtlinge aus Nicaragua und immer mehr Venezuelaner, die verzweifelt ihr mit sozialistischen Konzepten und kubanischer Militärhilfe heruntergewirtschaftetes Land verlassen, haben die Lage in Costa Rica zuletzt ebenfalls unsicherer gemacht.

Am Ende der mittelamerikanischen Strecke steht man dann vor dem »Darien Gap«. Es gibt keine Straße nach Kolumbien. 90 Kilometer der Panamericana fehlen. Das von Urwäldern, Bergen und Sümpfen durchzogene Gebiet gilt als Tummelplatz der Drogenschmuggler und Guerillagruppen. Reisenden drohen Überfälle und Entführungen.

Etwas sicherer ist der See- oder Lufttransport. Im Internet stehen allerdings einige wüste Geschichten über den bürokratischen Aufwand, unseriöse Kapitäne und beschädigte Fahrzeuge. Es wird spannend.

Offiziell: Besser gar nicht erst hinfahren

Sehr ausführlich warnt das Auswärtige Amt vor den Risiken, die Reisende in anderen Ländern erwarten. Dafür fehlen wichtige aktuelle Hinweise, etwa wenn sich Einreisebestimmungen für Deutsche kurzfristig ändern, wie das in Nicaragua der Fall war. Eine Zusammenfassung der aufgeführten Risiken, die einen Touristen zwischen Kanada und Argentinien erwarten, würde an dieser Stelle zu weit führen. Die Reise bietet neunzehn Länder und hunderte Gründe, gar nicht erst loszufahren.

Dabei kommen motorradspezifische Faktoren wie Karambolagen mit stärkeren Gefährten, angriffslustige Hunde und rutschige Straßen nicht einmal vor. Wer als Tourist unterwegs ist, kann durch Aufmerksamkeit und vorsichtiges Verhalten selbst für eine sichere Reise sorgen. Nachts betrunken über den Berliner Alexanderplatz zu torkeln oder mit dem Leihwagen abends die Westside von Chicago zu erkunden, sind schlechte Ideen. Unterwegs in Nicaragua billigen Sprit am Straßenrand aus Kanistern zu kaufen oder sich in Bogota zu einem Unbekannten zu einer Taxifahrt ins Privatauto zu setzen, kann sämtliche Reisepläne über den Haufen werfen. Und Rückreisepläne dann leider auch.

Zugegeben, vor dem Start zu der fünf Monate dauernden Tour war ich mit vielen Vorbereitungen beschäftigt. Die für deutsche Staatsbürger eher unkomplizierten Einreisebestimmungen habe ich sorgsam gelesen. Die langen Risikowarnungen des Auswärtigen Amtes, im Internet leicht zu finden, habe ich nur kurz überflogen.

In exotischen Ländern sieht es meistens freundlicher aus als in den Warnhinweisen deutscher Behörden, das zeigten schon die Touren, die ich als Student durch die Sahara und Schwarzafrika gemacht habe. Die meisten Menschen, gerade außerhalb der Touristenorte, leben ihren Alltag und warten nicht darauf, vorbeifahrende Fremde auszuplündern. Für viele Hofhunde gilt das leider nicht …

In manchen Weltgegenden gibt es Orte, wo die Einwohner lieber unter sich bleiben. In Belize wird vor der Fahrt in einzelne Dörfer gewarnt, in Brasilien kann der Bummel durch von Banden kontrollierte Favelas ebenso tragisch enden wie eine Wanderung durch kolumbianische Guerillagebiete. Optimismus und Vertrauen in die Ehrlichkeit der Einheimischen sind wichtige Voraussetzung für eine Alleinfahrt durch Amerika. Man muss in den Ländern mit den Menschen über die Schönheit des Landes und mit entsprechendem Respekt auch über Risiken sprechen. Die Menschen auf der Route sind fast alle in Ordnung.

In Hotels, Restaurants, beim Tanken und Besichtigen von Sehenswürdigkeiten gibt es immer Gelegenheit zum Plaudern, wenn man etwas Spanisch oder zumindest Englisch spricht. Da erfährt man Interessantes. Wenn dann von Ortskundigen Warnungen kommen, sind diese ernst zu nehmen.

Es gibt auch Gegenden, wo Erlebnisse unkalkulierbar und Reiserouten unpassierbar werden. Vor der Fahrt durch Venezuela werde ich von Costa Rica über Panama bis nach Kolumbien eindringlich gewarnt. »Du kommst keine 50 Kilometer weit, dann ist dein Motorrad weg«, erzählte mir ein Venezuelaner, der sich selbst nach San Jose in Sicherheit gebracht hatte. Das sind gut gemeinte Ratschläge Einheimischer, die man ernst nehmen sollte.

Der Versuch, das Darien Gap auf dem Landweg zu überwinden, ist ähnlich heikel. 2003 wurden Touristen von der Guerillagruppe ELN entführt, die immer noch in Kolumbien operiert. Sie wurden zwar gerettet. Anschließend verlangte jedoch das Auswärtige Amt von einer deutschen Staatsbürgerin die Kosten der Hilfe in Höhe von 13.000 Euro zurück. Wenn man irgendwo im Dschungel oder in einem Slum einer Drogenbande in die Quere kommt, erübrigt sich vielleicht jede weitere Lösegeldverhandlung. Was auch kein Trost ist.

Eine sehr positive Erfahrung der Tour war, dass man Polizei, Militärkontrollen und einfache Bürger durchaus ansprechen konnte, wenn die Situation einmal unklar oder schwierig war. Vom Quad-Piloten in den Rockies über den Schrauber in Panama bis zur Polizeipatrouille im Slumviertel in Peru, in das ich versehentlich gefahren war, nahmen sich alle Menschen Zeit, zu helfen. Die privaten Wachposten nehmen ihre Aufgabe ernst, die Polizei war meistens aufmerksam und hilfsbereit. An einigen Kontrollstellen haben Uniformierte die Hand aufhalten wollen, aber letztlich auch ohne Zoll den Weg freigegeben.

Kampfbereit

Zunächst geht es noch ein Stück durch den kargen, kakteenbestandenen Norden Mexikos. Hinter der Brücke über den Rio Grande ist man schon mitten im »Schurkenland«. Das merkt man, ohne die Reisewarnungen des Auswärtigen Amtes gelesen zu haben. Die schwarz-weißen Pick-ups der mexikanischen Bundespolizei, der Federales, haben Maschinengewehre mit Kugelschutz über der abgedunkelten Fahrerkabine. Dahinter stehen neben dem Schützen zwei weitere vermummte Uniformierte. So patrouillieren sie auf den Landstraßen ebenso wie in der Innenstadt der Millionenstadt Monterrey.

Ähnlich, nur in olivgrün, ist das Militär unterwegs. Auf der Fahrt entlang der Karibikküste steht in Veracruz neben jedem Tankwart ein bewaffneter Wächter. In Guatemala und El Salvador sitzen Aufpasser mit einer Pumpgun und acht Schuss Schrotmunition im Gürtel an der Tür zum Burger-Restaurant. In Nicaragua tragen die Wächter die etwas veraltete AK 47 von Kalashnikov. In Tegucigalpa, der Hauptstadt von Honduras, wirkt die Szenerie nur unwesentlich entspannter. Hier reichen der Polizei Pistolen am Gürtel. Die privaten Wächter an Tankstellen und Banken tragen statt der Gewehre Elektro-Teaser.

Sogar in Costa Rica, das offiziell keine Armee hat und von Tourismus-Werbern gerne als die »Schweiz Mittelamerikas« gepriesen wird, sind die Privathäuser mit hohen Stahltoren und Stacheldraht verbarrikadiert. Nachtwächter bewachen die Tore vor den einfachen wie exklusiveren Unterkünften der Touristen. Erst in Panama ändert sich das Bild, werden Wachmänner und Mauern weniger. Dafür kontrolliert dort die Polizei besonders häufig mit Straßensperren.

Vorteil der vielen Wachleute für Motorradreisende: Die Maschine kann gut beaufsichtigt abgestellt werden. Die Wachleute sind aufmerksam, und ich habe nicht einmal den Versuch erlebt, die Tasche auf dem Gepäckträger wegzunehmen oder die Aluminiumpacktaschen aufzubrechen. Allerdings habe ich die Maschine bei Rasthäusern und Bankautomaten immer in Sichtweite geparkt und bei Hotels und Sehenswürdigkeiten stand sie auf bewachten Parkplätzen oder am Eingang.

Zweimal war die Situation allerdings unübersichtlich. Eine davon war wohl ein Überfallversuch mit Macheten.

Holpriger Start in Lateinamerika

Eine Spezialität der mexikanischen Straßenplaner sind die Schwellen, die in den Asphalt eingearbeitet werden. Es gibt offensichtlich dafür keine DIN-Norm. Mal ist es nur ein sanfter Holperer, meistens aber türmt sich der Teer bis zum Straßenrand. Manche sind schmal und hoch, andere einen halben Meter breit mit ordentlicher schräger Auffahrt. Gelegentlich sind schmale Durchfahrten für Mopedreifen eingearbeitet. Oft haben die Mopeds der Einheimischen Fahrspuren neben dem Teerstreifen gefunden. Bremsen muss man auf jeden Fall. Richtig unangenehm werden die »Taupas« genannten Schwellen, wenn sie so hoch sind, dass der Motorschutz der Enduro aufsetzt. Das Bike wird regelrecht ausgehebelt. Das Hinterrad dreht durch. Eine andere Spezialität sind Taupas auf vermeintlich freier Strecke. Hinter Kuppen oder mitten im Wald. Wenn man im letzten Moment in die Eisen geht, dann kurz die Dämpfung freigibt und über die Schwellen fliegt, fällt der Blick oft auf die Einfahrt zur Kaserne irgendeines Infanterie-Bataillons oder eines Luftwaffenstützpunktes, auf dem ein paar alte Huey-Helikopter vor sich hin rosten.

In Mexiko sind die Schwellen vielfältig, häufig und schlicht nervig wie in keinem anderen lateinamerikanischen Land. Für die vielen Hütten der Reifenhändler entlang der Straßen sind sie ein Konjunkturprogramm. Immer wieder sieht man Autos am Straßenrand mit geplatzten Reifen oder abgerissener Aufhängung. Die Lastwagen rollen im ersten Gang über die Schwellen, die in machen Ortsdurchfahrten alle 50 Meter verbaut sind. Gute Stellen, um die Lastwagen zu überholen, wenn der Gegenverkehr es zulässt und einem nicht gerade Obst-, Sonnenbrillen- oder Limonadenverkäufer vor's Vorderrad laufen, die überall in Lateinamerika, wo der Verkehr etwas langsamer fließt, versuchen, ein paar Centavos zu verdienen.

Mexiko hat eine moderne Infrastruktur, große, lebhafte Stadtzentren und viele amerikanische Einflüsse. Auf dem Weg von Monterrey nach Tampico grüßt die Werbung von »Coyote Harley Davidson« im ausgedehnten Industriegebiet am Stadtrand. In den Häfen am Golf riecht es nach Bitumen. Ausgedehnte Raffinerien verarbeiten das Öl, das auf den Plattformen vor der Küste gefördert wird. In Tampico, Veracruz und Ciudad Carmen stehen moderne Strandhotels mit Blick auf die Förderanlagen. Abseits der bewachten Abschnitte sind nur selten Touristen unterwegs. Wenn es dunkel wird, leeren sich die Stadtzentren und Strandstraßen schnell. Das Leben spielt sich, wenn überhaupt, nur in den bewachten Hotels und Restaurants ab.

2000 Kilometer fahre ich durch's Land von Zorro und Speedy Gonzales. Es gab einige nette Ortschaften, Bergseen und Strände. Um die Hauptstadt mit ihren 20 Millionen Einwohnern habe ich einen großen Bogen gemacht. Irgendwie wirkt das sonnige Land träge, uninspiriert. Und an die vielen schwer bewaffneten Sicherheitsleute, die südlich der USA überall an Fastfood-Restaurants, Parkplätzen, Hotels und Tankstellen herumstehen, kann ich mich nur schwer gewöhnen.

Besonders berüchtigt ist Veracruz. Ich hatte mich beim Tanken schon gewundert, dass neben je zwei Tanksäulen ein Tankwart stand und neben jedem der beiden Tankwarte ein Bewaffneter. Mit kugelsicherer Weste bei 35 Grad und 99 Prozent Luftfeuchtigkeit und einer Pumpgun auf dem Unterarm schützen sie zu zweit die Spritstation.

Die große Hafenstadt an der Ostküste wurde schon zu Zeiten der spanischen Kolonisatoren Mexikos Tor in die Karibik und nach Europa. Die Hochseeschiffe legen noch immer direkt im Stadtzentrum von Veracruz an. Touristen bummeln über die restaurierten Promenaden und Plätze. Doch hinter der schmucken historischen Fassade tobt der Krieg der Drogenschmuggler.

Hamid klärt mich auf. Er ist ein waschechter katholischer Mexikaner, geboren in Veracruz. Seine Eltern haben ihm den arabisch klingenden Namen gegeben, weil es schon so viele Pedros und Juans in der Nachbarschaft gab. Der Messtechnik-Spezialist aus Mexico City ist auf Geschäftsreise, als wir uns zufällig unterwegs treffen. Mit dem Motorrad war ich in seiner Geburtsstadt? Er blickt mich zweifelnd an. Mit seiner 1200er Ténéré, die er in Mexico City für Wochenendausflüge nutzt, würde er niemals dort hinfahren. Viel zu gefährlich.

Später beim Bier erklärt er, warum. Die Drogen kommen über Mittelamerika an den Golf von Mexiko. Von Veracruz aus werden sie dann über See-, Luft- und Landwege nach Norden in die Vereinigten Staaten gebracht. Wer den Verkehrsknotenpunkt kontrolliert, macht das Geschäft. Deshalb kämpfen die Drogenbanden hier noch heftiger als in vielen anderen Gegenden Zentralamerikas um ihre Reviere.

Die schwer bewaffneten Pick-ups der »Federales«, der Bundespolizei und der Sondereinheiten des Militärs, begegnen einem aber nicht nur in den Großstädten wie Monterrey oder Tampico. Auch auf den Landstraßen und während der Fahrt durch die Dschungel Yucatans sind sie unterwegs. Aber ein Bewaffneter pro Tankwart – mit der Quote ist Veracruz Spitze.

Versunkene Städte, fehlender Stempel

Unter 50 Meter hohen Bäumen liegen die steinernen Zeugen der Hochkulturen, die vor der Ankunft der Spanier in weiten

Teilen Mexikos blühten. In Stufen steil ansteigende Pyramiden, gepflasterte Wege, Wohnhäuser, Paläste, Festungen. Azteken, Mayas und viele kleinere Völker schlossen Städtebünde, fochten Kriege und opferten ihren Göttern Menschen und Tiere. Die Wälder und Berge Mittelamerikas sind voller steinerner Bauten der Völker, die hier in präkolumbianischer Zeit lebten.

Die Ruinenstadt Calakmul liegt an der Straße durch das gleichnamige Biosphären-Reservat. Am Eingang zu dem Areal ist ein kleiner Eintrittspreis zu zahlen, dann ist man allein zwischen zugewachsenen Steinwänden und schmalen Pfaden. Noch kann man überall herumklettern. Während des einstündigen Rundgangs begegnen mir keine zehn Besucher. Die Motorradstiefel geben das trügerische Gefühl, vor den Schlangen und Skorpionen geschützt zu sein, die zwischen den Steinen leben.

Calakmul ist eine von hunderten Mayastädten auf der Halbinsel von Yucatán. Bis in den Norden von Honduras siedelte das Volk. Der Niedergang der Zivilisation begann schon Jahrhunderte vor Ankunft der Europäer. Ein Grund: Klimawandel. Vor 1200 Jahren vernichteten nach den Erkenntnissen der Archäologen geringerer Niederschlag, Trockenheit und Überbevölkerung die wirtschaftliche Grundlage vieler Maya-Siedlungen im Tiefland von Yucatán.

Einen guten Einblick in die Kultur der Mayas gibt das Museum von Chetumal. Die lebendige kleine Universitätsstadt liegt an der Grenze zu Belize und bietet neben Ausflügen zu den vielen Sehenswürdigkeiten im Osten Mexikos eine heftig frequentierte zollfreie Einkaufszone an der Grenze.

Bei der Ausreise nach Belize wundert sich der Zöllner, dass ich keine Einreisestempel für Mensch und Maschine habe. Ich bin ja 2000 Kilometer zuvor im Verkehrsstrom über die Brücke am Rio Grande von Texas nach Nuevo Laredo gespült worden. Niemand interessierte sich für das gelbe Motorrad auf dem Weg nach Süden, während Richtung USA eine mehrspurige Autokolonne stand. Und ich hatte kein Interesse, mich stundenlang der gleißenden Sonne und den möglichen Fragen der Grenzer dort auszusetzen. Also bin ich weitergefahren, um nun am Rio Hondo anzukommen, dem Grenzfluss am nordöstlichen Ende Mexikos.

Nach einigen Minuten Palaver zahle ich die üblichen 30 Dollar Zollgebühr. Er gibt sich mit dem amerikanischen Einreisestempel von der kanadischen Grenze zufrieden. Der ist vier Wochen alt. Ich werde also die erlaubten drei Monate im Lande nicht überzogen haben. Ein versöhnlicher Abschied vom Land der Taupas.

Unterwegs bei den Bay People in Belize

»Okay. You get seven days.« Die Zöllnerin gibt sich resolut. Ein- bis zwei Wochen wollte ich in Belize unterwegs sein. Sie nimmt die untere Grenze der Spanne. »Willkommen« in einem der unbekanntesten Länder der Welt.

500 Kilometer Teerstraße verbinden die Hauptorte des einzigen mittelamerikanischen Landes, in dem Englisch und nicht Spanisch gesprochen wird. »So groß wie Hessen« ist die Welt, die sich mir nun für Motorradtouren öffnet, nach der Beschreibung diverser Reiseführer. Also etwa von Kassel bis zum Hockenheimring. Allerdings wohnen hier nur halb so viel Leute wie in Frankfurt, etwa 350.000.

Auf meinem Weg von Kanada nach Feuerland habe ich einen Abstecher von der Panamericana gemacht. Wann ist man schon mal mit dem eigenen Bike in dieser Gegend? Belize ist so klein und abgelegen, dass es in die Planungen der Fernstraße, die die Staaten Nord- und Südamerikas verbinden sollte, gar nicht einbezogen wurde. Heute führt eine lange Straße durch den Dschungel Yucatans an die mexikanische Grenze zu Belize. Weiter südlich kann man dann nach Guatemala weiterfahren. Einen inoffiziellen Grenzübergang gibt es noch ganz im Süden des Landes. Der ist allerdings schlecht befahrbar, man kommt illegal in Guatemala an und kann unterwegs unangenehme Erfahrungen mit Drogen- und Waffenschmugglern machen.

Da ich auf meiner Panamericana-Tour noch einige der 25.000 Kilometer nach Ushuaia vor mir habe und genug Abenteuer warten, plane ich die legale Reiseroute: Von Mexiko nach Belize City, ein paar Tage am Strand und weiter über Belmopan nach Guatemala, damit lernt man den größeren Teil des geteerten Straßennetzes und die meisten Orte kennen, dazu die einzigen beiden offiziellen Grenzübergänge aus dem Land, das einst als Schurkenstaat für die Unterbringung arbeitslos gewordener Seeräuber gegründet wurde.

Noch heute haben die Bay People große Sorgen, dass einer der beiden Nachbarstaaten sich das dünn besiedelte Gebiet einverleibt. Vor allem Guatemala werden seit der Unabhängigkeit 1981 entsprechende Ambitionen nachgesagt. Immer wieder kam es zu Verhandlungen mit dem großen Nachbarn, ohne dass dieser bisher auf seine Gebietsansprüche im Westen des Landes verzichtet hat.

Das Verteidigungsministerium von Belize liegt in der Hauptstadt Belmopan gleich neben der Bäckerei und ist so überschaubar wie die gesamten Streitkräfte des Landes. Allerdings wird die kleine Streitmacht von den Soldaten der ehemaligen britischen Kolonialherren noch ordentlich trainiert. Gegen die putscherprobten Militärs des 17-Millionen-Volkes von Guatemala hätten sie wohl dennoch einen schweren Stand.

Vielvölkergemisch

Am Grenzübergang fallen die vielen neuen Samsonite-Koffer auf, die neben meinen beiden Innen-Packtaschen und der regendichten Tasche vom Gepäckträger liegen, die ich ins Zollgebäude zur Kontrolle getragen habe. An der Grenze zur mexikanischen Halbinsel Yucatán liegt eine Freihandelszone mit Bergen vorwiegend chinesischer Textilien und anderer Konsumgüter. Die Einkäufe der Einheimischen sind im neuen Reisegepäck verstaut. Ansonsten hat das Land nur Ansätze moderner Einkaufsmöglichkeiten zu bieten.

Die ehemalige britische Kolonie ist eine eigenartige Nation in der amerikanischen Völkerfamilie. In der Hauptstadt Belmopan wohnen gerade mal 15.000 Einwohner, in der größten Stadt, Belize City, verrotten Hotelruinen und halbverlassene britische Militäranlagen in bester Lage am Meer.

Staatsoberhaupt ist die Königin von Belize. Momentan ist das die englische Queen Elisabeth die Zweite.

In Belize City weht die Fahne Nationalchinas im Meereswind. Nur eine Handvoll Staaten unterhält noch offizielle diplomatische Beziehungen mit Taiwan, was Wirtschaftshilfe aus dem boomenden kommunistischen Festlandschina weitgehend ausschließt.

Das dünn besiedelte Land hat eine fantastische tropische Pflanzenwelt. Riesenschlangen und Krokodile schwimmen in Mangrovensümpfen und Lagunen. Das einzige Jaguar-Reservat Zentralamerikas schützt 300 verbliebene Exemplare der geschmeidigen Raubkatzen. Einsame Strände, romantische Inseln und Mayapaläste im tiefen Dschungel locken – noch – überschaubare Touristengruppen.

In den Küstenorten mit den schönen Stränden warten Unterkünfte vom Hostal bis zum Hotelresort auf Gäste. Hier sind viele Garifunas zu Hause, Nachfahren schwarzer Sklaven, die nach Sklavenaufständen auf den Karibikinseln geflohen sind und sich hier vor etwa zweihundert Jahren angesiedelt haben. Sechs weitere Bevölkerungsgruppen leben in Belize, zum Teil in getrennten Orten. Die größte Gruppe sind Mestizen, deren Vorfahren indigene Völker und weiße Siedler waren. Etwa ein Drittel der Bevölkerung sind dunkelhäutig oder Kreolen, die von den Antillen als Arbeitskräfte aufs Festland kamen, manche freiwillig, viele als Sklaven.

Orange Walk Town heißt nicht so, weil Orangenhaine zum lieblichen Spaziergang einladen. Vielmehr haben die protestantischen Briten die Stadt nach einer provokanten Demonstration benannt, mit der sie den katholischen Iren in Nordirland zeigten, wer das Sagen auf der grünen Insel hat. In Belize ist Orange Walk die Stadt der hellhäutigen Pflanzer. Auch einige Tausend deutschstämmige Mennoniten haben sich hier im Norden von Belize angesiedelt. In den Dörfern und Wäldern des Berglandes leben die Nachfahren der Mayas. Die Urenkel chinesischer und indischer Arbeiter betreiben oft kleine Läden und Restaurants. Auch arabische Einwanderer sind vor allem im Geschäftsleben aktiv.

Das bunte Gemisch der sieben Bevölkerungsgruppen lebt zu großen Teilen in Armut und in heruntergekommenen Häusern. Recht traditionell sind auch einige Berufsbilder. Die Engländer haben das Land an der Karibikküste als Kolonie »Britisch-Honduras« gegründet. Nachdem der Konflikt mit Spanien 1670 beigelegt wurde, hatten die Briten plötzlich keine

Verwendung mehr für die Piraten, deren Angriffe auf die spanischen Gold- und Silberflotten zwischen Kolumbien und Florida sie jahrhundertelang unterstützt hatten. In Old England wollte man die Freibeuter allerdings auch nicht haben. Der moskitoverseuchte Küstenstreifen am Golf von Honduras, der von der Landseite kaum zugänglich war und dessen Mangrovensümpfe und Flussmündungen den Piraten sowieso seit der Entdeckung Amerikas als Zufluchtsort dienten, wurde nun zu ihrer offiziellen Heimat.

Die Macheten-Männer

»Bay People« heißen die Gründerväter des Kleinstaates heute, was etwas friedfertiger als die Berufsbezeichnung »Seeräuber« klingt. So ganz vergessen haben die Einheimischen ihre Tradition allerdings nicht, wie die Fahrt von Belize City an den schönen Strand von Hopkins Beach zeigt.

Ich habe die Teerstraße verlassen und über den »Coastal Highway« eine Abkürzung durch die kaum besiedelte Küstenregion genommen. Die Bezeichnung »Highway« ist eine heillose Übertreibung. 70 Kilometer geht es auf der harten Wellblechpiste Richtung Hopkins Beach, über Holzbrücken und verwunschene Urwaldflüsse. Der Weg über die Teerstraße und die Hauptstadt Belmopan ist 40 Kilometer länger. Große Verkehrsschilder weisen am Abzweig auf den Coastal Highway hin.

Für meine 650er Suzuki V-Strom ist die Strecke kein Problem. Ich habe mich aber schon gewundert, dass die Pick-ups und Busse alle die längere Teerstraße von Belize City an die Küste gewählt haben. Denn der »Highway« ist bei trockenem Wetter ganz gut befahrbar. So bin ich also allein auf der Route, deren Rand dicht bewachsen ist. Nicht einmal Farmen scheint es hier zu geben. Am Horizont zieht ein Gewitter auf.

Ein ausgebranntes Wrack liegt am Straßenrand. Ein Kleinbus, aber das Fabrikat ist nicht mehr erkennbar. Mit Tempo 50 rolle ich über die Staubstraße, weiche einigen größeren Steinen aus. Der beiläufige Blick aufs Buswrack ist eher Abwechslung als Neugierde. Autowracks sind südlich des Rio Grande nichts Besonderes. Viele davon fahren sogar noch vollbeladen mit 30 Stundenkilometern über die Panamericana ...

Aus dem Augenwinkel erkenne ich eine kleine, kaum wahrnehmbare Bewegung hinter dem Wrack. Die Nackenhaare sträuben sich. Irgendwas stimmt nicht in dieser morbiden karibischen Bilderbuchidylle.

50 Meter vor dem Wrack halte ich mitten auf der Straße an. Alles scheint friedlich. Keine Leine über der Straße gespannt, kein Auto zu sehen. Doch dann bewegt sich auch am anderen Ende der Busruine etwas. Es müssen also mindestens zwei Leute sein.

Drehen und Gas geben, um zurück zur Teerstraße zu kommen? Sollten sie Schusswaffen haben, wäre das keine überzeugende Idee. Ein intaktes Auto steht nirgendwo. Wenn sie mit den üblichen 125ern aus chinesischer Produktion hierher gefahren sind, werden sie wohl kaum mit der Suzuki mithalten können.

Nach einigen Sekunden fahre ich mit Tempo 30 weiter. Ich habe keinen Bock auf einen Umweg und vielleicht ist der Überfallgedanke ja wirklich übertrieben. Jedenfalls wissen die zwei (?), dass ich etwas gesehen habe. Als ich heranrolle, tritt ein Mann neben den verrosteten Bus. Abgerissene, dreckige Klamotten, er winkt mit seiner linken Hand. Den rechten Arm hält er halb hinter seinem Rücken. Ich fahre im Stehen weiter und sehe die Machete. Sie reicht bis zu seinen Sandalen ...

Langsam rolle ich im zweiten Gang, lasse die Kupplung etwas schleifen und bleibe in der Straßenmitte. Der zweite Mann zeigt sich nicht. Der Macheten-Mann guckt erwartungsvoll und nicht unfreundlich. Zehn Meter trennen uns etwa, als ich die Kupplung kommen lasse und mit meiner linken Hand zurückwinke. In der rechten Hand habe ich keine Machete, aber den Griff für 71 PS und 62 Newtonmeter Drehmoment.

Ich finde im Vorbeifahren nicht heraus, was für ein Fabrikat das Buswrack in besseren Zeiten einmal war. Und fragen will ich nicht wirklich. Am Hinterrad steigt Staub auf, dann bin ich am Wrack vorbei. Im Rückspiegel sehe ich, wie der zweite Mann ein paar schnelle Schritte auf die Piste macht. Eine alte Decke oder Plane zerrt er mit der linken Hand hinter sich her, in der rechten Hand hat auch er eine Machete.

Die Suzuki rollt mit Tempo 100 über die Piste. Zeit zum Winken habe ich nicht mehr, aber bei meiner Geschwindigkeit brauchen sich die beiden keine Gedanken zu machen, ob eine Verfolgungsjagd mit Leichtkrafträdern Sinn macht.

War es wirklich ein Überfallversuch? Man soll ja nicht immer gleich schlecht von den Menschen denken. Wenig später zieht mich die einsame Landschaft wieder in ihren Bann, aus der steile Felsformationen ragen und schmale Holzbrücken über klare Flüsse führen.

Nur ein LKW und zwei Autos, die im Konvoi und recht zügig fahren, kommen mir in der nächsten Stunde entgegen, bevor ich die Teerstraße wieder erreiche. In meiner Fahrtrichtung scheint niemand unterwegs zu sein, und auch die seltener werdenden Blicke in den Rückspiegel zeigen nur die grünen Dschungelränder entlang der leeren grau-braunen Piste.

Mittags bin ich in Dangriga. Fischer mit kleinen Booten bringen frisch gefangene Langusten und Red Snapper zu einem kleinen Steg. Restaurantbesitzer und Zwischenhändler warten schon am Ufer, damit der Fang schnell auf den Tellern landet. Vor einfachen Häusern dösen dunkelhäutige Einheimische im Schatten. Kinder in Schuluniformen schlendern in kleinen Gruppen entlang der holprigen Straßen nach Hause. Fast alle haben Handys dabei.

Zeit für eine Pause. Abends sitze ich in Hopkins Beach vor einem Teller mit frischem Fisch, in Bananenblättern gegartem Maisbrei und tropischen Früchten. Friedlich rollen die Meereswellen an den Strand, in einigen Kilometern Entfernung ragen die Palmenwälder der vorgelagerten Inseln aus dem Wasser.

Restaurantmanager Ken fragt interessiert nach meiner Herkunft und nach meinen Reiseplänen. Als ich erzähle, dass ich über den Coastal Highway gekommen bin, schaut er mich groß an. Da fährt doch keiner her! Doch, der Deutsche mit der Suzuki. Der sich allerdings wundert, warum die Strecke Highway heißt und nicht mal geteert ist. Die wird auch nicht geteert, erklärt Ken. Zu flaches Land, zu häufig überflutet, um instand gehalten zu werden. Und wegen der Überfälle. Dort ist seit einigen Monaten sogar der öffentliche Busverkehr eingestellt, der die abgelegenen kleinen Weiler im Tiefland mit den größeren Orten an der Küste verband. Die Busse wurden immer wieder gestoppt, die Insassen ausgeraubt. Er selbst würde da nie langfahren!

Jetzt erzähle ich ihm von meiner etwas unheimlichen Begegnung. Klar war das ein Überfallversuch, meint Ken. In einen der Weiler am Rande der Mangrovensümpfe ist eine kriminelle Gruppe aus Belize City gezogen, nachdem ihnen die Polizei dort viel Druck gemacht hatte. Seitdem machen sie den Coastal Highway unsicher.

Schön, dass wir drüber geredet haben. Den Rest der Tour durch Belize verbringe ich überwiegend auf Teerstraßen.

Als ich wieder in Deutschland bin, erfahre ich von Guido aus der Motorrad-News-Redaktion, wie viel Glück ich wohl gehabt habe. Ein Vespa-Tourist ist auf dem nur 70 Kilometer langen Stück gleich dreimal überfallen worden. Mit jedem Stopp wuchs die Enttäuschung – bei den Piratensöhnen wegen der schmaler werdenden Beute, beim Reisenden wegen der sonderbaren Willkommenskultur im Land der Bay People.

Kakao und Krustentiere

Im idyllischen Hopkins Beach fällt mir ein besonders nett dekoriertes, sauber gestrichenes Haus mit beleuchteter Veranda auf. Als ich die Maschine abstelle, kommt Peer auf mich zu.

»Bringst du mir die Messer persönlich vorbei? Guter Service.«

Ich stutze kurz, eine deutsche Begrüßung hatte ich nicht erwartet. Und Schneidewerkzeuge habe ich nicht im Gepäck. Dann fällt der Peso: Das Kennzeichen wird öfter mit Solingen verwechselt. »Nee, sorry, SO steht für Soest, nicht für Solingen.« Die bestellten Küchenmesser sind wohl noch unterwegs. So beginnt ein unterhaltsamer Abend unter Landsleuten.

Ein Tisch mit Meerblick ist noch frei. Sorgen vor Moskitos muss ich hier nicht haben, meint Peer. Malaria gibt es nur in einigen Slums von Belize City, wo müllverseuchte Wasserlöcher Brutstätten bieten. Hier, in der sanften Meeresbrise, wehen stattdessen Küchendüfte heran. Denise und Isabelle, die beiden Mitarbeiterinnen von Peer, bereiten in der offenen Küche karibische Gerichte zu. Krabben, Fisch, Steaks und viele köstliche Früchte. Peer erzählt vom Leben mit dem Strandrestaurant in seinem tropischen Paradies, das er nicht mehr gegen seine norddeutsche Heimat eintauschen möchte. Zwischendurch kümmert er sich um die anderen Gäste und sieht in der Küche nach dem Rechten.

Von der Fahrt über Punta Gorda an die inoffizielle Grenze nach Guatemala rät er ab. Mindestens eine größere Flussdurchfahrt ist nötig, das könnte wegen der Regenfälle schwierig werden. Zwischen den abgelegenen Dörfern ist das Überfallrisiko nicht zu unterschätzen. Und auf der anderen Seite der Grenze könnte es Ärger mit den Behörden geben. Danke für die guten Tipps. Und für das gute Essen natürlich auch. Weiter geht es – schweren Herzens trenne ich mich vom entspannten Lifestyle am Karibikstrand. Der Hummingbird-Highway zieht sich mit vielen Kurven hinauf in die Maya-Mountains. Wenig Betrieb, gute Teerdecke, keine Macheten-Männer.

»Prepare meet your Lord« steht auf einer großen Tafel am Straßenrand. Dann folgen zwei scharfe, unübersichtliche Kehren. Die charmante Art der Verkehrsbehörden, auf Unfallstellen aufmerksam zu machen, wiederholt sich einige Male. Meinen Gott treffe ich auf dieser Reise nicht. Stattdessen 5000 Jahre alte Maya-Kultur. Ich folge einem Schild, das auf ein Café aufmerksam macht. Eine steile, holprige Auffahrt führt hundert Meter in den Dschungel, wo eine Hütte aus hölzernen Stützen und Bambusblättern unter hohen Bäumen steht. Ein Mädchen röstet in einer großen Metallpfanne über offenem Feuer Kakaobohnen. In einem Mörser werden die Bohnen zerstoßen. Das Pulver füllt sie in Papiertüten.

Dieser nach traditioneller Maya-Art geröstete Kakao wird in Belmopan und in den Küstendörfern verkauft. Die Bohnen kommen von der Plantage ihrer Großmutter, erzählt die junge Frau. Ein Jahr lang will sie im Café ihrer Familie noch aushelfen. Dann beginnt sie in Belmopan mit dem Studium der Wirtschaftswissenschaften. Rösten und rechnen kann die Familie. Fünf Dollar kostet die Tasse absolut frisch gebrühten Kakaos.

Unterwegs ins Mayaland

Die Straße von der nicht besonders sehenswerten Hauptstadt Belmopan zur Grenze nach Guatemala wird ausgebaut. Immer wieder sind die Geländequalitäten der 650er gefragt. Umleitungen führen durch Flussbetten und über kilometerlange Staubstraßen in ein hügeliges Land mit ausgedünnten Wäldern, dann wieder vorbei an Rinderweiden zwischen Baumgruppen. Eine hölzerne Seilfähre trägt einen Bus über einen träge fließenden, dunkelgrünen Fluss. Staubstraßen führen ins dichte Grün zu den Ruinen versunkener Mayastädte, zu Höhlen und Wasserfällen.

In dem warmen und feuchten Klima würden fast alle exotischen Früchte dieser Welt wachsen. Die extensive Weidewirtschaft im dünn besiedelten Hochland reicht der Bevölkerung aber anscheinend, um ein Auskommen zu finden. Arbeitskräfte aus Guatemala möchte man in Belize nicht anlocken.

Auf den Tafeln am Straßenrand wird jetzt nicht mehr empfohlen, sich auf das Treffen mit Gott vorzubereiten. Stattdessen gibt es Hinweise ans Nachbarvolk: »Guatemala, leave Belize alone«.

Am Kontrollpunkt herrscht buntes Treiben. Bustouristen kreuzen den Grenzfluss Mopan, unterwegs zu den präkolumbianischen Sehenswürdigkeiten und eindrucksvolle Naturschönheiten beiderseits der Grenze.

Seven Days, die Frist ist »over«. Die Abfertigung ist professionell und nicht besonders umständlich, wenn man Bargeld dabei hat. Keine Spur von Invasionsgefahr. Für die Ausreise aus Belize ist eine kleine Gebühr in US-Dollar fällig, die Brücke über den Mopan kostet Maut. Nach einer halben Stunde Formalitäten liegt Belize hinter mir. Noch 15 Grenzübergänge bis Feuerland. Danach möchte ich nochmal zurückkommen, um mit ein paar Tagen mehr Zeit das gar nicht so kleine, vielfältige Karibikländchen genauer zu erkunden.

Bei der Einreise nach Guatemala sind 160 Quetzal fällig, umgerechnet 23 US-Dollar. Am besten tauscht man schon auf der Belize-Seite bei den Geldwechslern, die mit dicken Geldbündeln in der Tasche zwischen den Grenzposten auf Kundschaft warten. Der Einreisestempel wird schnell erteilt, das Motorrad muss noch durch den Zoll. Kopien von Fahrzeugschein und Führerschein habe ich dabei. Eine Kopie des Passes mit dem gerade erteilten Einreisestempel fehlt. Im Zeitalter von Handykamera, Scannern und Fotokopierern sollte das kein Problem sein. Aber hier, wie an den meisten mittelamerikanischen Grenzübergängen von El Salvador über Honduras, Nicaragua, Costa Rica und Panama, liegt das Copy-Geschäft noch in privater Hand.

Also in Motorradmontur mal 20, mal 200 Meter zu einem Laden oder einer Apotheke wandern, ein paar Cent investieren und sich wieder am Zoll anstellen. Kein großes Ding, doch bei 40 Grad im Schatten schweißtreibend und mit dem unguten Gefühl des Alleinfahrenden, dass die Maschine aus den Augen gelassen wird. Ich parke möglichst nah am Zoll. Geklaut wurde von der geparkten Maschine allerdings nie etwas, obwohl Hunderte von Menschen die Grenzen in der Zeit passierten. Nur erklärte hinterher der eine oder andere meist ältere Zeitgenosse, er habe die ganze oder halbe Stunde, die eine solche Passage insgesamt dauert, ein Auge auf die Maschine gehabt.

Klingt sogar glaubwürdig. So ist es auch am Mopan-Fluss. Der Senior fragt nach einer kleinen Prämie, mit einem Dollar ist er zufrieden, über zwei Dollar richtig erfreut. Buen Viaje und viel Glück!

Der guatemaltekische Zöllner kommt noch und vergleicht das Typenschild mit dem Fahrzeugschein. Ein Carnet und die internationalen Ausführungen von Fahrzeugschein und Führerschein sind nicht erforderlich. Für den Inhalt der Packtaschen interessiert er sich auch nicht. Ich bekomme einen Aufkleber, der mein Fahrzeug als ordentlich eingereistes Touristenfahrzeug ausweist. Den lasse ich bei den anderen Papieren in der Tasche. Keine Polizeikontrolle in Guatemala fragt danach, aber bei der Ausreise muss ich den Aufkleber abgeben und die Quittung über die Zahlung der 160 Quetzal Einreisegebühren vorzeigen.

So startet die Tour ins – nach Mexiko - bevölkerungsreichste Land Mittelamerikas. Die 17 Millionen Menschen zählen je nach Quelle etwa zur Hälfte zu den indianischen Ureinwohnern, den Nachfahren der Mayas. Die andere Hälfte der Einwohner sind meistens Mischlinge zwischen europäischen Einwanderern und Indios. An der Karibikküste um Livingston leben zudem Nachfahren schwarzer Einwanderer, deren Vorfahren als Sklaven auf die Antillen verschleppt wurden.

Auf Touristenpfaden

Auf der Straße nach Flores kommt man kilometerlang an Militärstützpunkten und einer großen Luftwaffenbasis vorbei. Ein alter Kampfjet aus amerikanischer Produktion steht wie ein Denkmal vor dem Eingang. Die Wachtürme sind teilweise mit Posten besetzt. Von hier aus führte die Armee einen erbitterten Guerillakrieg mit den Indios in den nördlichen Dschungelgebieten des Landes. Nach vielen Gräueltaten kehrte erst in den 1980er Jahren weitgehend Frieden ein. Heute können Touristen relativ sorglos die ausgedehnten Maya-Ruinen von Tikal im Norden Guatemalas besuchen.

Ausgangspunkt für die meisten Bustouren ist die Provinzhauptstadt Flores. Ihre Altstadt liegt auf einer Insel im See von Peten Itza. Dort haben schon die Spanier eine befestigte Ansiedlung angelegt, eine hübsche Kirche grüßt vom Gipfel des Hügels. An den Ufern legen flachbordige Boote in alle vier Himmelsrichtungen ab. Sie bringen Menschen, Mopeds und Lastkarren an die Ufer des Sees. Hostals, Hotels und Dutzende Restaurants versorgen Packpacker und Bustouristen. Eine relaxte Atmosphäre, die zum Bummeln einlädt. Buntes Licht schimmert abends über das Wasser, Rollertaxis machen die Runde um die Insel, bringen Gäste über die Brücke hinüber in die schnell wachsende Neustadt, an deren Rand ein klimatisiertes Einkaufszentrum Fastfood, Handyhüllen und Sportkleidung bietet. Nur die schwer bewaffneten Parkwächter und Polizisten zeigen, dass man nicht in Florida, sondern in den Regenwäldern Mittelamerikas zum Geldautomaten geht.

Frühmorgens stehen die Gäste am Busbahnhof. 20 Dollar kostet die zweistündige Busfahrt nach Tikal. Mit dem Motorrad kommt man nur bis zum Parkplatz am Rande der gigantischen Mayametropole. Für den mehrstündigen Rundgang wäre die Tourenausstattung ungeeignet. Leichte Kleidung und ordentliches Schuhwerk sind empfehlenswert, wenn man die Ruinenstadt erkunden will. Steile schmale Steinstufen führen hinauf auf die mächtigen Bauwerke.

Wer es zu Maya-Zeiten nach ganz oben auf einen Stufentempel geschafft hatte, war nicht unbedingt der Held. Hoch oben über den Urwaldbäumen zelebrierten die Maya-Priester grausame Menschenopfer. Kriegsgefangene, erwachsene Gruppenmitglieder und Kinder wurden für die vielen Götter der Mayas getötet. Von unten sah das Volk zu, wie die blutenden Körper von den Pyramiden gestürzt wurden.

100.000 Menschen lebten in der Blütezeit der Stadt zwischen 300 und 800 n. Chr. in Tikal. Ein ausgeklügeltes Bewässerungssystem ist noch heute erkennbar. Vororte versorgten die Stadt mit Nahrungsmitteln. Die Ausdehnung Tikals, eine der größten von Hunderten Maya-Städten zwischen der mexikanischen Halbinsel Yucatán und Honduras, ist überwältigend. Die Gebäude-Ensembles stehen den römischen Relikten in Europa nicht nach. Sie wurden nie überbaut.

Forscher vermuten, dass eine Klimaveränderung die ausreichende Wasserversorgung der dicht bevölkerten Region unmöglich machte. Die mächtigen Steinpyramiden der Götter wurden verlassen. Die mit Blattwerk gedeckten Holzhütten der Menschen hat der Dschungel verschluckt.

Als Akropolis werden die größeren Ruinenkomplexe bezeichnet. Drei Meter breite Zufahrtswege und verwunschene Dschungelpfade durchziehen das Areal. Stundenlang kann man den Nationalpark durchstreifen und überall herumklettern. Unter Erdhügeln und Lianen warten noch viele Bauten auf Ausgräber. Manchmal führt ein schmaler Tunnel in die Erde, Hinweise auf Grabräuber, die den steinernen Untergrund nach Hinterlassenschaften der Mayas durchsucht haben. Auf die steilen Flanken der 60 Meter hohen Pyramiden wagen sich nur wenige Mutige. Anders als im vielbesuchten Machu Picchu, der Inkastadt in Peru, hat der lange Bürgerkrieg die touristische Erschließung Tikals verzögert. Doch nun kommen täglich Dutzende Busse zu den atemberaubenden Steinbauten.

Einige Deutsche sitzen mit im Bus. Nach 10.000 Kilometern Alleinfahrt auf dem Motorrad ist die kurzweilige Plauderrunde in der Muttersprache eine schöne Abwechslung. Und ganz nebenbei gibt es auch noch ein paar Tipps für die Weiterreise von Mitfahrern, die Guatemala mit dem Leihwagen oder per Linienbus erkunden.

Gefahrenabwehr

Auf dem Weg zum Rio Dulce wartet wieder ein Macheten-Mann. Er hat das große Messer lässig über die Schulter gelegt, steht vor einer Kuppe mitten im Wald am Straßenrand. Wieder ein Überfall-Versuch?

Auf der gut geteerten Straße war ich in Gedanken versunken. Die Suzuki läuft wie am Schnürchen. 80, 90 Stundenkilometer. Wenige Lastwagen und Autos, ein paar Mopeds, dann wieder nichts als Wald. Kleine Ortschaften, immer mal wieder Tankstellen. Entspannte Fahrt nach Süden. Jetzt schwingt der Macheten-Mann das lange Messer über den Kopf. Die Klinge zersplittert einen Ast, den er mit einem kräftigen Ruck vom Baum reißt. Ich fahre nur noch 50 Stundenkilometer, beobachte die Umgebung und lenke zur Fahrbahnmitte. Kurz bevor ich an der Stelle ankomme, legt er den zwei Meter langen Ast quer auf die rechte Straßenseite, ohne mich weiter zu beachten.

Inzwischen kann ich die Straße voraus überblicken. Alle paar Meter liegen Äste mit grünen Blättern quer. Ich fahre langsam auf der linken Spur weiter, hoffe, dass mir jetzt nicht ein Lastwagen mit Tempo 110 hinter der Kuppe entgegenkommt. Dann sehe ich die Erklärung für die Situation. Gleich hinter der Anhöhe ist ein Sattelzug von der Fahrbahn abgekommen. Der Auflieger ragt bis zur Straßenmitte. Ich bremse scharf, um den entgegenkommenden Bus passieren zu lassen, der mit unverminderter Geschwindigkeit die Unfallstelle passiert. Grüne Äste statt Warndreieck. Wieder was gelernt.

Später am Nachmittag lerne ich noch die verfeinerte Form der »Gefahrenabwehr« kennen: Ein liegengebliebener Truck steht in der Dämmerung hinter einer unübersichtlichen Kurve. Zwischen die Blätter der quer liegenden Äste hat der Fahrer noch einige dicke Steine gelegt, damit man auf jeden Fall merkt, dass eine Gefahrensituation droht. Motorradfahrer sollten südlich des Rio Grande wirklich alle Fahrten bei Dunkelheit vermeiden.

Bei Nacht und Regen

Unter der Hochbrücke über den Rio Dulce sitzen die Touristen auf der ausgedehnten Terrasse des Backpacker-Hostals in der Sonne. Ausflugsboote cruisen über die weite Wasserfläche. Auf einer der kleinen Marschinseln nisten Fischreiher. Hübsche und manchmal sehr große Ferienhäuser stehen in den Mangrovenhainen am Ufer. Im Yachthafen liegen Segler aus Kanada, Italien und Brasilien.

An diesem Samstag sind viele Ausflügler aus der 200 Kilometer entfernten Hauptstadt Guatemala City in den tropischen Osten gekommen. Am gegenüberliegenden Ufer sitzen ganze Familien unter den Kanonen des Forts von San Felipe beim Picknick oder stehen Schlange an den Bootsanlegern. Von hier fahren auch Personenfähren nach Livingston. In der Hafenstadt am Karibikstrand von Guatemala wird die Garifuna-Kultur der ehemaligen Sklaven von den Antilleninseln gepflegt. Mit dem Auto oder Motorrad ist Livingston nur über Fähren erreichbar.

Das Fort von San Felipe bekam seinen Namen von Phillip dem Zweiten. Die Festung sollte verhindern, dass die Piraten, die Elisabeth die Erste in der Karibik bei der Jagd nach den Gold- und Silbergaleonen der Spanier unterstützte, zu tief nach Guatemala hineinsegeln konnten. Heute ziehen zwischen den Ausflugsbooten Delfine unter den idyllisch gelegenen Mauern vorbei. Kinder springen von den Bootsstegen ins Wasser.

Viel zu spät löse ich mich von der Idylle. Über den Vulkanbergen im Süden ziehen dunkle Wolken auf. Regen fällt, als ich die einzige Teerstraße erreiche, die in Guatemala Atlantik und Pazifik verbindet. Bananenstauden begleiten die zweispurige Straße, über die auch am Wochenende lange Lastwagenkolonnen rollen. In abenteuerlichen Überholmanövern quetschen sich die Autos aneinander vorbei, nur um kurz danach am Ende des nächsten Konvois zu stecken, den im Zweifel ein voll beladener, fünfzig Jahre alter Peterbilt-Truck im ersten Gang anführt. Mit dem Motorrad geht es etwas schneller voran, aber der heftige Regen, Haustiere am Straßenrand, Fahrradfahrer, Fußgänger und unbeleuchtete Kleintransporter machen die Tour zu einem richtig spannenden »Vergnügen«. Ich bin angekommen im ganz normalen Verkehrsgewühl Lateinamerikas. Nach dem gut ausgebauten Straßennetz von Mexiko und dem dünnen Verkehr in Belize ist jede Gemütlichkeit vorbei. Bis Panama warten entlang der Panamericana jede Menge Überraschungen und Gefahren auf beiden Seiten des Straßenrands.

Irgendwann wird's dunkel, aber bis Guatemala sind es nur noch vierzig Kilometer. Nach einer Baustelle beginnt ein Stück Autobahn. Dreispurig geht es Richtung Hauptstadt. Im ersten Gang kriechen die Lastwagen über die rechte Spur die Flanken der erloschenen Vulkane hinauf. Tempo 60 bei Dunkelheit im Regen, einige Autos und Pick-ups geben deutlich mehr Gas.

Immer wieder fließt schlammiges Wasser über den Asphalt, rollen Steine auf die neue Autobahn. Dann stehen plötzlich unbeleuchtete Ölfässer auf der Fahrbahn. Mit Seilen verbunden lenken sie den Verkehr auf die schlammige Spur am Fahrbahnrand. Ende der Neubaustrecke. Weiter geht's in vielen Kurven über die mehrspurige Schotterpiste, die der Regen glatt wie Schmierseife macht. Bergab im Dunklen, Lastwagen mit glatten Reifen am Hinterrad, Allradautos, die rechts und links überholen, Kleinwagen, die vorsichtig mit 40 die Spur ertasten. Im Tal strahlt schon der Lichtschein der Millionenstadt, darüber erhellen Blitze die Vulkankegel der Berge.

Endlich die ersten Häuser, Ende der Schotterstrecke, ein Rastplatz. Überlebt! Während der Kaffeepause sehe ich, dass der dreispurige Verkehr langsamer fließt. Als ich mich auf den Weg zum Hotel mache, stehe ich vor einer Wand aus Lastwagen. Nichts geht mehr.

Zweieinhalb Stunden später und keine zehn Kilometer weiter sehe ich die Ursache. Mit den kleineren Mopeds der Einheimischen habe ich mich kreuz und quer durch die drei Fahrspuren gemogelt. Ein paar Autos sind von der Autobahn in die dunklen Vororte abgebogen, ansonsten steht alles still.

Ein Polizist winkt mir. Ganz rechts zwischen dem verunglückten Lastwagen, dessen Führerhaus auf dem Betonabsatz des Mittelstreifens feststeckt, und dem Auflieger, dessen Stahlplanken steil in die Luft ragen, ist kaum ein Meter Platz zur Felswand. Die Mopeds der Einheimischen kommen gerade so durch. Es sind nur noch zwölf Grad, meine Klamotten nach der stundenlangen Fahrt im Regen durchnässt, die Beine steif und die Finger klamm. Ich kann die Maschine gerade so anwinkeln und schräg halten, dass ich mit einem leichten Kratzer an der Packtasche durch die Lücke komme. Der Polizist lächelt zufrieden, wenigstens einer weniger im 20-Kilometer-Stau. Ein Abschleppwagen – oder besser ein Bergungskran – kommt mir auf der weiteren Fahrt hinab nach Guatemala City nicht entgegen. Es wird noch eine lange Nacht werden – nicht nur für den Polizisten.

Nach der chaotischen Einfahrt überrascht Guatemala City mit breiten Boulevards im Zentrum und einer Stadtautobahn. Über eine Million Menschen leben hier, umringt von Vulkanbergen. Gewerbegebiete, moderne Universitätsgebäude und Einkaufszentren entstehen am Stadtrand. In der Innenstadt sind die meisten Gebäude niedrig, weil zum Schutz vor Erdbeben lange Zeit nicht hoch gebaut werden durfte.

Wie in vielen mittelamerikanischen Städten wirken für den Durchreisenden aus Europa die Lebensbedingungen längst nicht so chaotisch, wie es die Berichte über die Flüchtlingsströme Richtung USA vermuten lassen. Die Infrastruktur funktioniert, Polizei und Militär sind präsent und sorgen für Ordnung. Einkaufszentren, Banken und Hotels garantieren Versorgungsmöglichkeiten. In den Fastfood-Läden und Restaurants sitzen viele Jugendliche mit Handies und Laptops beim Surfen und Chatten. Aber es ist eben nur die Fassade, die der Tourist sieht. Dahinter spielen sich Tragödien ab. Korruption, Kriminalität, Unterbeschäftigung sind das Kreuz der Mittelamerikaner, das sie zu Hunderttausenden zum Verlassen ihrer eigentlich so tropisch-paradiesischen Heimat treibt.

Die Panamericana führt, gut ausgebaut, in einigen steilen Kehren nach Süden. In Richtung El Salvador ist sie in einem guten, bequem zu befahrenden Zustand. Der Verkehr nimmt am Stadtrand von Guatemala City schnell ab. Vor allem Lastwagen sind auf dem Weg ins ärmste und am dichtesten bevölkerte Land der Region.

Besser mit Helm

In Santa Fe wurde ich schon mal auf El Salvador eingestimmt. Im ältesten erhaltenen Kirchenbau Nordamerikas besuchte ich einen katholischen Gottesdienst. Der Priester war aus New York herüber nach New Mexico gekommen. Er betete für die vom Schicksal Beladenen dieser Welt, die Gemeinde bat Gott um Erhörung der Fürbitten: Für die Menschen, die von Krieg und Gewalt bedroht werden, insbesondere in Syrien, im Südsudan und in – El Salvador.

Die Tagesschaubilder aus Rakka, Aleppo und den Flüchtlingslagern am oberen Nil vor Augen, versuche ich, El Salvador da irgendwie einzuordnen. Und stelle mir die Frage: Was mag Motorradfahrer dort erwarten?

Das dichtestbevölkerte Land auf der Route nach Argentinien gilt mit seinen knapp sieben Millionen Menschen zugleich als eines der gefährlichsten und ärmsten. Zum Vergleich: Im etwa gleich großen Belize leben nur 350.000 Einwohner. Einige zehntausend Salvadorianer sind Bandenmitglieder, die brutal um Drogenreviere kämpfen, ganze Stadtviertel terrorisieren und dafür sorgen, dass El Salvador die zweithöchste Mordquote der Welt aufweist.

Vielleicht doch besser drumherum fahren? Der Umweg würde eine längere Strecke durch Honduras bedeuten. Nicht wirklich besser. Das Land steht auf Platz eins der Mordstatistik. Ich will auf dem Weg nach Feuerland möglichst alle Länder am Weg besuchen. Also Augen auf und durch.

Die Grenzformalitäten dauern nicht länger als bei den an anderer Stelle beschriebenen Übergängen und sind ebenso umständlich. Allerdings scheinen mit eigenen Fahrzeugen einreisende Gringos die große Ausnahme zu sein. In dem sehr in die Jahre gekommenen Grenzgebäude warten außer mir ausschließlich Lateinamerikaner auf ihre Abfertigung. Kleinbusse übernehmen den Transport der Menschen und ihrer Gepäckbündel beiderseits der Grenze.

Für das Touristenfahrzeug gibt es eine besondere Vignette. Kennzeichen, Fahrgestellnummer, Halter sind eingetragen. 60 Tage dürfte ich im Land unterwegs sein, wenn ich das schaffe.

Den Formalitäten folgen im Kilometerabstand Kontrollen. Erst die Polizei, zwei Minuten weiter das Militär. Der hagere Posten mit seinem sonnengegerbten Gesicht, den hohen Wangenknochen und dem schwarzen Helm könnte auch ohne Theaterschminke in einem Tarantino-Film den Bösewicht spielen. Mit strengem Blick kontrolliert er Pass und Zollpapiere.

Das salvadorianische Militär ist berüchtigt. Die Regierung gilt als korrupt. Die Drogenkartelle im Lande gehören zu den skrupellosesten Gangstern der Welt. In einem jahrzehntelangen Bürgerkrieg hat das Militär noch in den achtziger Jahren Gräueltaten an der aufständischen Landbevölkerung begangen.

Ich bin gespannt, was jetzt kommt. Will er Geld, erfindet er irgendeinen Regelverstoß, um die Hand aufzuhalten, bevor ich weiterfahren darf? Seine Kameraden wenden ihre Aufmerksamkeit schon den Autos hinter mir zu.

Aus Alemania sei ich? Die Fußball-WM sei für uns ja nicht so gut gelaufen. Aber mein Motorrad – »grande«, wieviel PS? Meinen Helm, den ich am Spiegel hängen habe, findet er klasse. Schöne Farben. Er nimmt ihn prüfend in die Hand. Sehr stabil, stellt er fest.

Ob ich das gute Stück jetzt wohl los bin? Als Spende fürs Militär von El Salvador? Das Land steht ja nicht nur in der Mordstatistik ganz weit oben auf der Skala. Im Korruptionsindex der Vereinten Nationen sind die Behörden ebenfalls weit vorn.

Zum ersten Mal lächelt er. Freude über die Beute?

Wieder einmal bestätigt sich meine Erfahrung langer Motorradreisen: Man sollte grundsätzlich nicht im Vorhinein schlecht über die Menschen denken, denen man begegnet. Ich war gerade kurz davor, diese Prämisse aufzugeben.

Im gleichen Moment drückt mir der Posten den Helm in die Hand. Ich solle ihn besser aufsetzen. Der Verkehr im Lande sei nicht ungefährlich. Adios. Lächelnd verabschieden wir uns. Recht hat er.

Rough Roads – Gefährliche Straßen

Bis zur Hauptstadt San Salvador ist die Panamericana eher schlecht in Schuss. Die Kontrollen werden selten und meine Maschine wird überall durchgewunken.

Der mit Abstand marodeste und älteste Fuhrpark aller mittelamerikanischen Länder ist hier unterwegs. Ausgemusterte amerikanische Schulbusse bewältigen den Fernverkehr. Wären sie nicht kunterbunt lackiert, würde man erwarten, dass Forrest Gump irgendwo am Wegesrand seine Freundin verabschiedet.

Mit tollkühnen Überholmanövern und schwarzen Rußwolken messen sich die Fahrer, versuchen dabei oft vergeblich, den Schlaglöchern auszuweichen. Für sie könnte der Begriff »Asphalt-Cowboys« geprägt worden sein. Besonders energisch ist die bunte »Jennifer« unterwegs, überholt zügig auch bergauf, drängt den Gegenverkehr auf den holprigen Randstreifen und hält dann qualmend an der nächsten Tankstelle. Die rot lackierte Haube wird nach vorn geklappt. Aus einem Zwanzig-Liter-Benzinkanister wird reichlich Öl nachgekippt, während ich nebenan meine Maschine tanke. Dann rollt der Bus qualmend weiter.

Entlang der mehrspurigen Straßen um die Hauptstadt San Salvador herum gibt es jede Menge Reparatur- und Ersatzteil-Geschäfte. Die Reste der wirklich nicht mehr zu rettenden Rostlauben werden dafür recycelt. Ein Viertel Toyota Corolla, bestehend aus Kotflügel, Radkasten, Kühler und Motorhaube, liegt auf einem Stapel ähnlicher Autoreste am Straßenrand. Es gibt Motorenstapel, Fahrerhäuser von alten Trucks, Berge von Reifen. Alles, was bei uns auf dem Schrott landen würde, wird hier noch angeboten, um den Fuhrpark des ärmsten zentralamerikanischen Landes irgendwie in Bewegung zu halten.

Ab der Hauptstadt San Salvador wird die Straße etwas besser. Die schönen Serpentinen Richtung La Union verleiten dabei nur kurz zum entspannten Touren. Während die Suzuki mit Tempo 100 die Reifen etwas runder fährt, schert der Bus, den ich gerade überholen will, scharf aus. Vor ihm kriecht ein mindestens 60 Jahre alter Kenworth-Truck im ersten Gang den Berg hinunter. Mit 15 Stundenkilometern, dem gleichen Tempo, mit dem er sich den nächsten Hügel hinaufschleppt, während er aus dem senkrecht an der Seite angebrachten Auspuffrohr dichte schwarze Wolken gen Himmel schickt. Ein paar Tage auf der Hauptstraße durch El Salvador wiegen von der Feinstaub-Belastung her wahrscheinlich einen lebenslangen Campingurlaub am Stuttgarter Neckartor auf.

Die Hauptstadt San Salvador wirkt zweigeteilt. In der eigentlichen Altstadt rund um die Kathedrale, wo einst auch der 1980 von Militärs ermordete Befreiungstheologe und Erzbischof Óscar Romero predigte, sind viele Gebäude heruntergekommen und von hohen, mit Stacheldraht bewehrten Mauern gespickt. Ein Stück den Hang hinauf stehen moderne Wolkenkratzer. Amerikanische Hotelketten, Banken, Shopping Malls, Niederlassungen großer Firmen. Junge Leute schlendern mit

Softdrink-Bechern in der Hand durch die Sonne. Tätowierungen, Zeichen der berüchtigten Straßengangs des Landes, sieht man hier nicht. Nach Einbruch der Dunkelheit werden die Plätze schnell menschenleer, nur noch wenige Autos fahren, und auf den Parkplätzen patrouillieren rund um die Uhr bewaffnete Wächter.

Als ich am nächsten Morgen im dichten Berufsverkehr aus der Stadt in Richtung Honduras fahre, erlebe ich den gefährlichsten Moment meiner El Salvador-Tour. Ein großer Pick-up fährt vor mir über die vierspurige Straße. Es geht eine Brücke hinauf und über einen der vielen Kreisverkehre hinweg. Der übliche Verkehrstrubel lateinamerikanischer Millionenstädte. Tempo 70 fährt man hier, ehe vor der nächsten Ampel der Verkehr still steht. Plötzlich Bremslichter, der Wagen zieht mit einem scharfen Schlenker nach links. Keine Sekunde später sehe ich vor meinem Vorderrad ein Kanalloch, gut einen halben Meter im Durchmesser. Allerdings ohne Deckel. Reflexartig kann ich knapp daran vorbeilenken. Inzwischen ist der Truck am nächsten Kanalloch angekommen, nimmt es nun zwischen die Räder.

Für ein Motorrad keine Option.

Ich ziehe die 650er zur Straßenmitte, wo etwas mehr Platz ist. Vier Deckel sind auf der Stadtautobahn herausgenommen worden. Dem ersten bin ich nur ganz knapp entkommen, beim letzten mache ich es wie die Einheimischen. Einen kleinen Schlenker drumherum, dann geht es zügig weiter durch den Berufsverkehr. Keiner der vielen Verkehrspolizisten an den Kreuzungen macht sich auf, die gefährlichen Krater abzusichern oder gar neue Deckel darauf zu legen. Alltag in einem der gefährlichsten Länder der Welt.

Mulmiges Gefühl

Auf der Straße nach La Union kann ich endlich etwas entspannter die Landschaft genießen. Die berüchtigte Hauptstadt liegt hinter mir, weitere Gruselgeschichten habe ich nicht erlebt. Stattdessen weitere gehört, bei einem feucht-fröhlichen Abend mit zwei Motorradfahrern aus Mexiko City. Sie waren geschäftlich mit dem Flugzeug da. Beide betonen, sie würden sich niemals mit ihren Maschinen auf den gefährlichen Weg nach San Salvador machen.

Aber ich bin´s doch gerade gefahren …

Ja, ihrer Meinung nach etwas sehr »loco« – bescheuert. Ansonsten verstehen wir uns bestens, auch weil einer von ihnen, Rafael Reckhorn, im schönen Münsterland geboren wurde, jedoch seit Kindheitstagen in Lateinamerika lebt. Erst als die Bierkneipe schließt, machen wir uns unter den Augen aufmerksamer Wachleute auf den kurzen Weg zurück in unsere Hotels.

Die Fahrt durch Salvadors Osten ist wirklich schön. Kleine Dörfer, Mangobäume, Bananenplantagen, mit Schilf und Palmwedeln gedeckte Verkaufsstände, wo frisch gepflückte Ananas und Paprikaschoten angeboten werden. Busse und Privatautos halten, decken sich mit der vitaminreichen Kost ein. Zwei alte Frauen haben Papageien mit den Krallen an kleinen Ästen festgebunden und bieten sie zum Verkauf an. Hoffentlich nicht auch zum Essen.

Ein Garten Eden, dicht besiedelt, überragt von den Vulkankegeln, die sich hier von West nach Ost durch das Land ziehen. Die schmalen Stahlbrücken der Panamericana hat noch das Pioniercorps der US-Armee vor über 60 Jahren gebaut. Kommt ein Lastwagen entgegen, hat er Vorfahrt.

Das Hotel im Hafenstädtchen La Union liegt etwas außerhalb, mit Blick auf den Golf von Fonseca. Der Küstenstreifen im Norden gehört zu Honduras. 40 Kilometer weiter südlich ragt der Cosigüina Vulkan in den Himmel, der schon zu Nicaragua gehört. Am kleinen Fischerhafen werden die Boote für den nächsten Morgen vorbereitet, einfache Restaurants warten auf Gäste. Dann ist man plötzlich wieder in einer besonders armseligen Straße, mit leeren Fenstern, metertiefen Löchern in der Straße und Müllhaufen im Hof.

Im Hotel frage ich, ob man abends noch ins drei Kilometer entfernte Städtchen fahren kann. Ja warum denn nicht, meint der Rezeptionist. Nun, vielleicht, weil vier Wachleute und ein hohes Tor den Hotelparkplatz absichern, weil vor den armseligen Hütten am Stadtrand jede Menge Straßenhunde lauern, weil ein düsteres, mit Wachtürmen gespicktes Militärgelände an der unbeleuchteten Straße liegt … Aber ich will ihn ja nicht in Verlegenheit bringen und rolle mit etwas mulmigem Gefühl in die Dunkelheit.

Fettes Brot

Im Stadtzentrum herrscht trotz der Dunkelheit ungewohnt reger Betrieb. Die Lokale sind geöffnet. Auf dem Bürgersteig vor einem besonders gut besuchten Restaurant werden auf einer Metallplatte mit Gasflaschen darunter die heiß begehrten »Pupusas« gebacken, Fladen aus Maismehl, die mit Käse, Peperoni, Rindfleisch oder Huhn gefüllt werden. Dazu wird scharfe Sauce, Krautsalat oder Paprikasalat gereicht. Eine Art Nationlgericht. Seit einigen Jahren hat El Salvador sogar einen eigenen Feiertag für das Maisgebäck, das schon die inzwischen im Lande fast ausgerotteten indianischen Ureinwohner zu schätzen wussten.

Im Restaurant schwärmt der Wirt von dieser Spezialität. Wirklich köstlich seien die gefüllten Maistaschen. Ich probiere, was am Nebentisch vier Männer gerade serviert bekommen. Gleich sechs gefüllte Fladen türmen sich jeweils auf den Tellern, dazu eisige Bierflaschen aus dem Kühlschrank. Verlockend, so ein kühles Blondes, aber ich muss noch durch die dunkle Seite der Gemeinde. So bleibe ich beim Wasser, bin nach drei Fladen samt Beilagen gut satt und zahle umgerechnet keine drei Euro für das traditionsreiche Abendessen.

Die Leute fahren währenddessen mit ihren Autos vor und bestellen direkt aus dem Seitenfenster. Andere Autofahrer quetschen sich in der engen Straße an der hohen Bordsteinkante vorbei. Der Müllwagen steckt hinter einer Autofahrerin im Toyota-SUV fest, die eine größere Menge für das Abendessen bestellt. Die Wartezeit nutzt sie zu einem minutenlangen Plausch aus dem Seitenfenster mit der Chefin der drei Pupusa-Bäckerinnen. Ohne Hupen und Zetern bleiben die Salvadorianer hinter ihr stehen. Die Abendstunde hier im Landstädtchen wirkt ungewohnt friedlich und gelassen, während rings herum langsam die Lichter ausgehen. Am Hotel empfangen mich die schläfrig gewordenen Wächter.

Am nächsten Morgen rolle ich früh Richtung Honduras. Die Tage im rauen El Salvador waren verwirrend. Ein hektischer Alltag in der Metropole, viel Armut, grandiose Landschaften, freundliche Menschen auf dem Lande und vieles scheint irgendwie trügerisch. Vielleicht wirkt der Gottesdienst in Santa Fe nach, hat unnötig misstrauisch gemacht. Andererseits sind da die Statistik, die armseligen Straßenzüge und die zahlreichen Schrotthaufen.

Vor den kleinen Autowerkstätten und Baumaterial-Läden am Stadtrand von La Union herrscht hektische Betriebsamkeit. Ich fahre gemütlich, muss nur einigen Lieferwagen ausweichen. Abends will ich in Tegucigalpa ankommen, der Hauptstadt von Honduras. Das sind nur 180 Kilometer, keine drei Stunden Fahrtdauer, dazu vielleicht eine Stunde für die Formalitäten an der Grenze.

Unter der Straße verläuft ein Abwasserkanal, wie die holprigen Deckel zeigen. Ich habe mir angewöhnt, dann möglichst auf der Straßenmitte und nicht über dem Kanal zu fahren. Plötzlich fehlen wieder zwei Kanaldeckel, was an diesem Vormittag niemanden zu kümmern scheint.

Tranquillo, einfach ruhig drumherum lenken.

Der Soldat sagte ja schon bei der Einreise, dass El Salvadors Straßen gefährlich sind. Vielleicht hat das Gebet in Santa Fe geholfen.

Zur Kasse bitte

Bei der Einreise nach Honduras werden Fahrzeugschein, Führerschein und Pass gescannt, das Motorrad mit dem Handy fotografiert und alles in wenigen Minuten im Computer erfasst. Könnte gleich weiter gehen. Allerdings ist noch eine kleine Gebühr fällig. Die darf der Grenzbeamte nicht in bar annehmen. 300 Meter weiter soll ich das Geld in einer Bankfiliale einzahlen. Das Motorrad bleibt so lange neben dem Abfertigungsgebäude stehen, was mich wieder zwei Dollar für einen der vielen bereitwilligen Aufpasser kostet, die mit solchen Diensten für die Durchreisenden etwas verdienen.

In der Bankfiliale darf ich an dreißig Leuten vorbei zum Zahlschalter. Draußen herrschen 38 Grad, drinnen wirkt die Klimaanlage. Die Landeswährung, Lempira, habe ich noch nicht. Wo ist der Geldautomat?

Oh, der wurde vor vier Monaten komplett geklaut, meint die junge Dame hinter dem Schalter. Nicht zum ersten Mal. Deshalb installiert die Bank keine neue Maschine.

Okay, wo ist der Geldwechsel-Schalter? Geht in der Filiale übrigens auch nicht. Sie zuckt die schmalen Schultern, hinter mir drängen die nächsten Kunden.

Eine Bank ohne Automaten und Devisen? Nach der überraschend modernen Zollstation holt mich jetzt wieder die Desorganisation vieler alltäglicher Dinge in den mittelamerikanischen Krisenstaaten ein. Schließlich wechselt einer der Wartenden meine US-Dollar, von denen ich auf solchen Reisen immer einige Scheine in bar dabei habe. Der Kurs ist nicht gut, aber ich kann die Einreisegebühr in Honduranischen Lempira einzahlen und mit der Quittung zurück zum Zoll und zu meinem Motorrad. Inzwischen sind es 40 Grad. Ich schwitze in meiner Motorradjacke, in der alle wichtigen Papiere und das Bargeld stecken. Der Aufpasser hat zuverlässig gearbeitet, nichts am Motorrad fehlt.

Gute Straßen, funktionierende Tankstellen, Raststätten und Hotels auch in kleineren Städten. Honduras wirkt viel moderner als gedacht. Die Metropole Tegucigalpa hat das übliche Verkehrschaos im Zentrum und auffallend viele Obdachlose. Neue Stadtviertel mit Hochhäusern und breiten Straßen ziehen sich über die umliegenden Hügel. Die Wächter an den Bankfilialen und Tankstellen tragen nur Pistolen oder Elektro-Schocker, keine Pumpguns wie in Mexiko und Guatemala.

Das Hinterland ist viel dünner besiedelt als in El Salvador. Um die Landstädtchen herum liegen ausgedehnte Felder und Plantagen. Über Nebenstraßen bummele ich Richtung Nicaragua. An einer Tankstelle steht wieder ein Wächter mit Gewehr. Der Tankwart fordert mich auf abzusteigen. Ich bin etwas irritiert, will doch nur 18 Liter Sprit. Dann zeigt er streng auf einen Aufkleber an der Tanksäule, einen kleinen Comic: Motorradfahrer müssen den Helm abnehmen und neben dem Bike stehen, ehe er zum Zapfhahn greift. Aus Sicherheitsgründen. Könnte ja Feuer geben.

Honduras ist kein »failed state«, sondern ein demokratisches Gemeinwesen. Das »erfahre« ich am nächsten Tag auf dem Weg zur Grenze. Ein Generalstreik der Taxi- und Busfahrer legt das ganze Land lahm. Wurde am Vorabend in den Nachrichten angekündigt. Kein Grund zur Sorge, ich brauche ja keine Busfahrkarte und der Tank ist voll.

Dann stehe ich im Stau. Die Streikenden haben am Stadtrand von Danli einen Schulbus quer auf der Straße platziert. Alle Schlupflöcher und einen parallel verlaufenden Feldweg haben Taxifahrer zugestellt. Mürrisch weigern sie sich, für das fremde Motorrad einen Meter zurückzusetzen. Zwei einheimische Mopeds suchen einen Weg durch einen halb zugewachsenen Graben. Sonst geht nichts mehr. Mit dem schweren Motorrad da durch? Mit Schwung klappt das, aber 200 Meter weiter ist an der 50 Zentimeter hohen Betonkante einer Fabrikzufahrt Schluss. Keine Chance, da hochzukommen. Eine Kolonne Streikender zieht, angeführt von einem Polizeiwagen, mit Transparenten über die Straße. Drei von ihnen kommen herüber. Die beiden Mopedfahrer haben ihre Maschinen schon auf die Betonkante gehoben. Jetzt helfen sie mir, heben die Gabel hoch, die Streikenden schieben. Der Bodenschutz knirscht auf dem Beton, dann greift das Hinterrad. Ich bin oben und knapp vor dem Demonstrationszug. Zwischen den geparkten Bussen ist etwas Platz. Die Polizei winkt mich durch. In El Paraiso, dem letzten Ort vor der nicaraguanischen Grenze, kann ich die Blockade im Stadtzentrum umfahren. Gracias, Amigos!

Am Tor zur Finsternis

Etwas problematischer ist der Ausweichversuch im Fall Nicaragua. Problemstaaten wie Belize oder El Salvador kann man vorsichtshalber umfahren, allerdings wiederum durch andere Problemstaaten. Von Honduras nach Costa Rica muss man jedoch durch Nicaragua. Ausführlich warnt das Auswärtige Amt in seinen Reisehinweisen vor dem Land.

Allzu weit komme ich an diesem Tag nicht mehr. Die Einreise nach Nicaragua scheitert an fehlenden Informationen des Auswärtigen Amtes. Eine elektronische Voranmeldung ist seit Frühjahr 2018 vorgeschrieben. Die deutsche Botschaft in Managua hat Monate später noch keine Zeit gefunden, den Hinweis bei den Einreisebestimmungen zu hinterlegen.

Unruhen erschüttern das Land, in dem, wie in Venezuela, eine korrupte Koalition aus linken Politikern und Militärs die Wirtschaft kontrolliert und die Opposition blutig unterdrückt. An der Grenze werde ich abgewiesen, muss zurück nach Honduras. Telefonisch erreiche ich am späten Nachmittag die Notrufnummer der deutschen Botschaft. Die Mitarbeiterin wundert sich über meinen Reisewunsch. »Wissen Sie eigentlich, was hier los ist?« Die per Internet einzuholende Einreiseerlaubnis könnte eine Woche dauern. Vor zwei Monaten habe man sogar den Fall gehabt, dass ein Reisender sein Wohnmobil auf ein Schiff verladen und Nicaragua umfahren musste. Ich soll mich am nächsten Morgen bei ihrem Kollegen in der Botschaft melden, dann werde man sehen.

Ganz so schlimm wird es doch nicht. Das kleine Hotel hat WLAN, die elektronische Anmeldung wird abgeschickt. Am gleichen Abend um neun Uhr kommt schon die Antwort. Und am nächsten Tag darf ich nach Nicaragua einreisen. Man solle sich das nächste Mal aber bitte ein paar Tage früher anmelden, schreibt die nicaraguanische Verwaltungsmitarbeiterin in ihrer Genehmigungs-Mail.

Die Prozedur an der Grenze ist trotzdem zeitraubend und umständlich. Die Reisenden brüten die ganze Zeit in der Sonne. Die Grenzer sammeln aus Containern mit dunkel verspiegelten Schiebefenstern heraus die Papiere. Die Stempel sind in drei verschiedenen Warteschlangen abzuholen. 12 Dollar Gebühr in Devisen sind fällig. Das Wechselgeld für den 20 Dollar-Schein wird »vergessen«. Ähnlich unangenehm ist die Atmosphäre bei der Ausreise. Die schroffe Unfreundlichkeit der Grenzbeamten erinnert frappierend an die Abfertigung in der untergangenen DDR. Aus jenen Tagen stammt auch das Regime, das unter dem ehemaligen Revolutionshelden Daniel Ortega noch immer die Macht im Lande behauptet und die demokratische Opposition unterdrückt.

Das Land ist still, die Berglandschaft atemberaubend, Polizeikontrollen sind nicht häufiger als in den Nachbarländern. Doch der Frieden täuscht. 400 Tote haben die Unruhen im Frühjahr 2018 gefordert.

In den Tabakplantagen rund um Esteli liegen Felder brach. Manufakturen, in denen Zigarren hergestellt wurden, sind geschlossen. Allein im Nachbarland Costa Rica sollen eine Million Nicaraguaner leben, die vor der Wirtschaftskrise und der Unterdrückung im Lande geflüchtet sind.

Das von Unruhen erschütterte Granada umfahre ich. Eigentlich ist die am Nicaraguasee gelegene älteste Stadt des Landes eine Sehenswürdigkeit. Doch immer wieder toben dort bürgerkriegsähnliche Kämpfe zwischen staatlichen Sicherheitskräften auf der einen und Studenten und bürgerlicher Opposition auf der anderen Seite. Kein gutes Timing für Sightseeing.

In der Hauptstadt Managua wirkt vieles heruntergekommener als in anderen mittelamerikanischen Metropolen. Neben dem Parlament steht die Ruine des Domes. An der Panamericana werkeln die Straßenbauer. Die Stadt Sandinista wurde nach der revolutionären Bewegung benannt, die den heutigen Staatschef Daniel Ortega an die Macht brachte.

Ich parke neben einer MZ ETS 250. Alte Ostblockware, wie die AK 47, die der Parkplatzwächter umgehängt hat. Eigentlich ist es nur der Parkplatz einer Hähnchenbraterei, einer Imbissbude. Aber während in Tegucigalpa den Wächtern Elektroschocker ausreichen, um Tankstellen und Restaurants zu bewachen, sind in Nicaragua Kalashnikovs üblich.

Über dem Nicaragua-See zieht ein Sturm auf. Meterhohe Wellen, auf dem braun-schwarzen Wasser ist kein Boot zu sehen. Schwimmen geht hier niemand. Der See wurde einst durch einen Vulkanausbruch vom Pazifischen Ozean abgetrennt, hat seitdem eine einzigartige Fauna. Große, gefährliche Haifische schwimmen im Süßwasser. Ein Schild kündigt an, dass chinesische Firmen hier bald einen Kanal zwischen Pazifik und Atlantik bauen werden. Ökologen aus aller Welt protestieren gegen das Projekt, Ökonomen zweifeln. Ein kalter Wind weht übers Land.

Nicht wie beim Ziegen-Peter

Tourismuswerber nennen Costa Rica gern die »Schweiz« Mittelamerikas. Es gilt als friedlich, weil es offiziell keine Armee hat, nur schwerbewaffnete Polizeieinheiten. Die Natur mit rauchenden Vulkankegeln, dichtem Dschungel und wunderschönen, palmengesäumten Stränden ist überwältigend. Über Naturstraßen, sprich holprige Pisten, kommt man in abgelegene

Täler, an deren Hängen schwarzbunte Kühe grasen. Costa Rica hat viele Naturschutzgebiete, wird gerühmt für die weitgehende Versorgung aus erneuerbaren Energien (wenn man mal vom Auto-, Schiffs- und Luftverkehr absieht) und stabile demokratische Verhältnisse. Es gilt als lateinamerikanisches Musterland.

Im Vergleich zum Nachbarland Nicaragua, wo der Revolutionsheld Ortega jüngst russische T 72 Panzer bestellte und Studenten und Mittelschicht den Aufstand gegen die korrupte Regenten-Clique wagen, stimmt das.

Das Bild von der Schweiz sollte man aber besser nicht vor Augen haben. Nicht nur, weil der eine oder andere Berg qualmt. In der Hauptstadt San José wie auf dem Lande sind Haus und Hof mit Mauern, Eisentoren und Stacheldraht gesichert. Abends verschwinden die bunten Auslagen in den Geschäften hinter Stahlrollläden. Vor dem Strandbummel bei Dunkelheit wird gewarnt.

Im Norden gibt es Überfälle auf Touristenbusse und Autos. In Puerto Limón, dem wichtigsten Atlantikhafen des Landes, vergammeln die Bahnanlagen und Gebäude, während die größeren Städte im Autostau ersticken. An den Grenzen zu Nicaragua und Panama, den einzigen Nachbarländern, ist die Ein- und Ausreise mit dem Motorrad genauso langwierig und umständlich wie in allen Kleinstaaten der mittelamerikanischen Landbrücke.

Einheimische beklagen sich über eine Million illegaler Einwanderer allein aus dem verarmten Nicaragua. Und überall zwischen Costa Rica und Chile begegnet man Flüchtlingen aus Venezuela. Mit wenigen Habseligkeiten und abgelaufenen Papieren versuchen sie, über die Grenzen zu kommen. Venezuela ist eigentlich reich, hat riesige Ölvorkommen und fruchtbare

Landschaften. Jahrzehntelange Misswirtschaft des von Kuba unterstützten Militärs Chávez und dann unter seinem Nachfolger Maduro haben große Teile der Bevölkerung zu Bettlern gemacht. Ähnlich wie in Nicaragua wird der demokratische Widerstand gewaltsam unterdrückt. Wer kann, verlässt diese autoritären Staaten. Und versucht, irgendwo anders zu überleben. Costa Rica mit seinen nur fünf Millionen Einwohnern spürt die Folgen der Krisen in den Nachbarländern.

Rauchendes Land

»Marihuana?«, ruft der Mann mit den Rastalocken über die Straße hinweg.

Auf sein Pfeifen und seine Handzeichen habe ich ja nicht reagiert.

»No Smoking«.

»Have also Kokain.«

Zwei Minuten habe ich an der Straße gestanden und Christoph den Parkplatz freigehalten. Der Motorrad-Freund macht mit Frau und Kind eine Rundreise im Leihwagen durch Costa Rica. In Puerto Viejo kreuzen sich unsere Wege, wir treffen uns zum Abendessen. Offenbar die Tageszeit, zu der hier am Karibikstrand auch andere Genussmittel bestellt werden.

Als Christoph den SUV auf den zerfurchten Randstreifen bugsiert, steht schon ein anderer Gringo beim einheimischen Händler. Die beiden verhandeln so laut über Ware und Preis, dass nicht nur ich auf der anderen Straßenseite mitbekomme, worum es geht.

Die Polizei fährt zwar regelmäßig Streife. Fahren ohne Helm, völlig unbeleuchtete Fahrräder und der Drogenhandel scheinen aber nicht ganz oben auf der Fahndungsliste zu stehen.

Ohne weitere Angebote zu erhalten, genießen wir das Abendessen. Nebenan in der Strandbar spielt inzwischen eine Reggae-Band. Einige Zuhörer haben Trommeln mitgebracht oder singen mit.

Der Lifestyle hier an der Karibikküste von Costa Rica erfüllt alle Klischees. Die Sandstrände sind lang, von Palmen gesäumt und ziemlich leer. Beim Schwimmen sollte man seine Sachen genau im Auge behalten. Die vielen einfachen Strandbars servieren leckeren Fisch und frisch gemixte Cocktails. Es gibt mehr preiswerte Hostels als teure Ferienressorts.

Angenehm an der Gegend um Puerto Viejo ist, dass die Straße nach 20 Kilometern in einem Naturschutzgebiet endet. Die rußqualmenden Trucks und Überlandbusse fahren hier nicht. Stattdessen nehmen viele Touristen und Einheimische das Fahrrad, gerne ohne jegliche Beleuchtung auf dem Rückweg zu Hostel oder Cabana. Hier in den Tropen wird's abends um sieben Uhr schon zuverlässig stockdunkel. Das Vertrauen darauf, dass Taxifahrer und Touristen in ihren Autos nach diversen Cocktails oder Joints noch den Durchblick haben, während man selbst leicht schlingernd den Heimweg sucht, scheint grenzenlos.

In einem von einer Schweizerin betriebenen Tierasyl werden Affen, Wildkatzen, Faultiere und Vögel gepflegt und auf das Leben in der Wildnis vorbereitet. Ganz jung oder verletzt werden die Tiere im Dschungel oder am Straßenrand gefunden. Viele Freiwillige helfen bei der Pflege. Zu besichtigen ist das Tierheim ebenso wie eine benachbarte Kakaoplantage. Die Sträucher mit den begehrten Bohnen wachsen entlang der gesamten Karibikküste – vom mexikanischen Yukatán bis nach Kolumbien.

Die Pazifikküste ist an einigen Stränden exklusiver. Nordamerikanische Urlauber und Rentner sind hier zum Golfen oder Hochseefischen unterwegs. Dunkler Sand liegt in den von Lavafelsen gesäumten Buchten. In den Flüssen schwimmen Krokodile. Nimmt man den zweihundert Kilometer kurzen Weg zwischen Atlantik und Pazifik, fährt man im Schatten rauchender Vulkane und entlang steiler Bergflanken. Nur um San José herum hat das Land eine städtische Ballungszone, mit Ringautobahnen, Flughafen und moderner Infrastruktur.

Irrgarten

Einen Dollar kostet die Bescheinigung, dass die Suzuki keine Gefahr für die Landwirtschaft Panamas darstellt. Und eine von drei Stunden Aufenthalt in der Mittagshitze am Grenzfluss Río Sixaola. Die Abfertigung in Costa Rica geht zügig. Die Brücke überfahren nur einzelne Trucks – und mein Motorrad. Alle Touristen und sonstige Durchreisende werden in Taxis, kleinen und großen Bussen bis an die Brücke gefahren. Nach der Abfertigung trotten sie über den Überweg, um am anderen Ufer nach den Einreiseformalitäten in andere Busse und Taxen zu steigen.

Mich winken die drei plaudernden Militärs an ihrem Kontrollposten auf der Brücke zu einem Container. Davor warten mehrere Fahrer auf Abfertigung. Als ich nach einer Viertelstunde an der Reihe bin, verschwindet ein Kontrolleur in Zivil erst mit meinen Papieren im Innern des Containers und schickt mich danach weiter. Ich soll mir in der etwas versteckt hinter schäbigen Zollfrei-Läden liegenden Personenkontrolle den Einreisestempel holen. Da ist immerhin etwas Schatten und da steht auch eine Schlange von Backpacking-Touristen auf ihrem Weg zu den Bocas, den ursprünglichen Inseln vor der Karibikküste Panamas.

Eine halbe Stunde später bin ich zurück am Zoll-Container. Nun möchte der Zöllner neben dem Einreisestempel noch eine Versicherungsbestätigung sehen. Die gebe es 100 Meter weiter. Dumm nur, da ist gerade Mittagspause. Ein Café oder Restaurant zum Warten gibt es nicht. Wenigstens sind die Zollfrei-Läden mit Schnaps und Tand aus China angenehm klimatisiert. Zu früh gefreut: Zur angegebenen Öffnungszeit ist weit und breit niemand zu sehen.

Ich warte noch, als mir ein Minibus-Fahrer hilft. Auf der anderen Seite der Brücke, in Costa Rica, könne man die Versicherung auch kaufen. Ich solle an der Apotheke nachfragen.

In meiner viel zu warmen Motorradjacke, in der Geld, Dokumente und Telefon stecken, wandere ich die 400 Meter ins Nachbarland. Die Apotheke hat keine Versicherung, die gibt es auf der anderen Straßenseite. Dort ist eine Medizinstation, daneben im gleichen Bau ein Frisörsalon. Tief im Gebäude arbeitet noch eine Reiseagentur. Nach einigem Suchen finden die Damen hinter dem Tresen einen Vordruck für die Versicherung.

Die Suzuki steht mittlerweile seit fast drei Stunden auf der Südseite des Flusses neben dem Container. Ich stiefele mit der Bescheinigung zurück. Weder die Costa Ricaner, noch die Panamesen stört mein Grenzübertritt ohne Vorzeigen der Papiere. Am Container spreche ich den ersten Offiziellen an, der sich an der Tür blicken lässt. Wieder sind meine Unterlagen für eine Viertelstunde hinter der Tür verschwunden. Dann klopfe ich. Der Zöllner, der meine Unterlagen bisher bearbeitet hat, geht an mir vorbei. Er hat Feierabend. Sein Kollege vertröstet mich noch etwas. Dann fragt er nach der Quarantänebescheinigung. Die gibt es in der kleinen Hütte an der Lastwagen-Besprühanlage samt Quittung über die Zahlung von einem Dollar

Gebühr. Die Hütte steht ungefähr 20 Meter hinter dem Posten der drei Militärs. Dort amüsiert sich inzwischen die Wachablösung über die Bilder in ihren Smartphones.

Mit der Quittung bin ich wieder am Zoll-Container, hinter dem immer wieder Taxifahrer kurz verschwinden. Dementsprechend riecht es in der Mittagshitze. Nach drei Stunden Warten, Laufen und Schwitzen bin ich offiziell in Panama. Neben Nicaragua die umständlichste Einreiseprozedur. Fünf Kilometer weiter wartet ein Streifenpolizist auf seiner Suzuki 650 V-Strom mit der Radarpistole.

Zwei »Tickets« bekomme ich auf der ganzen Reise. Beide in Panama, wo immer wieder Radarkontrollen lauern. Man muss allerdings nicht sofort bezahlen. Und bei der Ausreise interessierten die unbezahlten Tickets niemanden …

With a little help

Der Reifen hat lange gehalten. In Panama City soll er ersetzt werden. Noch reicht das Profil und eigentlich dürften die letzten 70 Kilometer auf der Autobahn kein Problem sein.

Die Panamericana ist vierspurig ausgebaut. Reger Verkehr und etliche Radarkontrollen auf der Hauptverkehrsachse des Landes verhindern, dass die Suzuki schneller als mit 100 km/h über den Asphalt rollt.

Doch ein bergiger Abschnitt mit engen Kurven, durch die die LKW im zweiten Gang kriechen, bremst die Fahrt. Das Hinterrad wird schwammig, die Traktionskontrolle leuchtet auf. Am Hinterreifen hat sich seitlich in der Karkasse ein Riss gebildet. Im ersten Gang rolle ich über den Pass vorsichtig einige hundert Meter weiter, bis an den Rand eines kleinen Dorfes. Jetzt verliert der Reifen komplett die Luft. Samstagnachmittag, halb drei, Regen. Ich schiebe die Maschine neben den Seitenstreifen. Rund 260 Kilo mit Packtaschen und Gepäck. Lastwagen und Autos ziehen hohe Gischtfontänen hinter sich her. Nicht so einsam wie im Dschungel von Belize oder auf der Wüstenpiste am Rio Grande. Aber weder exotisch noch gemütlich. Der Regen wird stärker. Was nun?

Langsam lasse ich die Maschine den Berg hinunterrollen, gehe neben ihr her. Noch bleibt der Reifen auf der Felge. Unten im Ort ist ein Busbahnhof zu sehen, leider weit und breit keine Tankstelle.

Neben der Straße steht eine Hütte. Keine zehn Quadratmeter groß, daneben eine mit Baustahlmatten errichtete Umzäunung. Erinnert irgendwie an den Stand von Modeka auf der Dortmunder Motorradmesse. Allerdings hängen hier keine fein säuberlich aufgereihten Lederkombis und Helme. Stattdessen ein paar halb zerlegte kleine Quads, Motorteile, Mopeds. Ich lasse den Motor kurz an, bugsiere die 650er vorsichtig den Feldweg hinauf bis neben die Hütte. Auf der Rückseite des Drahtverhaus, dessen Dach aus Wellblech besteht, ist ein Element offen. Und nun sehe ich auch Augustine. Er schraubt auf einem kleinen Campingstuhl, mehr hockend als sitzend, am Zylinderkopf eines 250er-Quads herum, das er auf einem Holzblock aufgebockt hat. Seine Werkstatt ist auf den ersten und zweiten Blick ein unfassbares Durcheinander. Aber nachdem ich ihm mein Problem erklärt habe, braucht er nur Sekunden, um das passende Werkzeug zu finden, einen anderen Holzblock unter den Motor der Suzi zu legen und das Hinterrad auszubauen, während ich die Maschine, auf Seitenständer und Holzblock, gekippt halte.

Dann telefoniert er kurz, sagt mir einen Preis, der günstiger ist als der für den Hinterreifen in Texas und verschwindet mit

100 Dollar Anzahlung, meinem Hinterrad und seiner 125-Kubik-Yamaha in der Gischt der Panamericana. In knapp einer Stunde sei er zurück, so lange überlässt er mir vertrauensvoll den Campingstuhl und die Aufsicht über seine Werkstatt.

Die nächsten 90 Minuten erkläre ich zwei Mopedfahrern, dass der Service derzeit geschlossen hat, beobachte, wie der Regen langsam über die Betonplatte der Werkstatt rinnt und sich zwischen den dort liegenden Motorenteilen einen Weg sucht und suche meinerseits vergeblich nach einem Spaten oder einer Schaufel, mit der ich vor der Betonplatte eine kleine Drainage anlegen könnte, um das Regenwasser an der Werkstatt vorbeizuleiten. Die wenigen Einheimischen, die auf dem Weg von der Bushaltestelle vorbeikommen, nehmen kaum Notiz von mir.

Ein Polizeiwagen, amerikanisches Fabrikat, hält am Feldweg und peilt mit der Laserpistole den Verkehr an. Lastwagen, Busse und Kleinwagen lässt er aus. Wegen des Regens ist die Geschwindigkeit auf der vierspurigen Panamericana eher mäßig. Schließlich kassiert er nach einer Viertelstunde bei einem Audi Q 5 ab und verschwindet danach auf dem Weg zu einer besseren Stelle im Regen.

Augustine kommt nass und freudestrahlend zurück. Auf meiner Felge ein nagelneuer 150er Stollen-Reifen, das chinesische Fabrikat aus Texas. Diesmal wird der Hinterreifen bis zu den Iguacu-Fällen in Südbrasilien halten.

Die panamesische Polizei fährt auch 650er-V-Strom. Der Reifenhändler, zu dem Augustine durch den strömenden Regen gefahren ist, hat jetzt einen Hinterreifen weniger im offiziellen Bestand. 20 Dollar möchte Augustine noch für den Service, ich gebe ihm 40, Wochenendzuschlag.

Aus der Dominikanischen Republik stamme er eigentlich, erzählt er mir beim Abschied. Mit der Werkstatt, 70 Kilometer a City, hat er seine Existenz aufgebaut. Er gibt mir fonnummer. Wenn ich nochmal irgendwo eine Panne kommt auch raus, zwischen Santiago und dem Kanal Pannenhilfe, bei jedem Wetter. Wir verabschieden uns herzlich. Was für eine Geschichte, was für eine Begegnung! So viele Zufälle, so viel spontane Hilfsbereitschaft, so viel Vertrauen.

Panama ist ein unglaublicher Kontrast zwischen kaum entwickelten Indiogebieten, abgelegenen Bergdörfern, ärmlichen Wohnvierteln und den Wolkenkratzern, Hotels und klimatisierten Malls der Hauptstadt Panama City. Dort wird zwischen Flughafen und Innenstadt eine schnelle Hochbahn gebaut, in den Bussen zahlen die Fahrgäste mit einer Chipkarte. Deshalb stehe ich später mit fünf Dollar in der Hand beim Busfahrer, als ich nach der Abgabe des Motorrades zurück in die Stadt will. Der Expressbus ist nicht auf solche altmodischen Zahlungsmethoden eingestellt. Der Fahrer zuckt mit den Schultern, nicht unfreundlich, eher desinteressiert. Er wartet zwei Sekunden, ich bleibe stehen. Dann schaut er nach hinten und ermuntert eine gut gekleidete Dame mittleren Alters, die im vollbesetzten Bus weit vorne sitzt, mir zu helfen. Sie zückt ihre Chipkarte, die Sperre öffnet sich. Ich kann die 20 Kilometer in die Stadt stehend mitfahren. Mein Versuch, ihr den Fahrpreis in bar zu geben, scheitert. Sie winkt ab. Ist schon okay.

Das verflixte Darien Gap

1903 wurde Panama von Kolumbien unabhängig und die USA begannen mit dem Bau des Panamakanals. Elf Jahre später war die Verbindung zwischen Pazifik und Atlantik fertig. Eine Straße zwischen Kolumbien und Panama gibt es bis heute nicht.

Das Darien Gap, beziehungsweise der Versuch, dies möglichst gut zu überwinden, sind unter Panamericana-Reisenden berüchtigt. Durch die Urwaldregionen an der Landenge von Darien ganz im Norden von Südamerika führt tatsächlich keine Straße. Drogenbanden und Reste der diversen kolumbianischen Guerillabewegungen tummeln sich dort. Sagt jedenfalls jeder, den ich bis Panama City frage. An der Karibikküste von Panama liegt das halbautonome Gebiet der Kuna-Indios. Die lassen nicht jeden durchreisen.

In Panama City frage ich beim Harley-Händler nach. Dessen Kundschaft geht doch bestimmt mal in Kolumbien auf Tour. Mit der üblichen Gleichgültigkeit, die dem Ausländer in Panama bei vielen Gelegenheiten begegnet, wird das bestätigt. Er habe durchaus schon von Kunden gehört, die das gemacht hätten. Aber die haben wohl das Flugzeug genommen.

Seine Kollegin an der Kasse sucht zwei Adressen im Computer heraus. Firmen, die mir weiterhelfen könnten. Am Telefon sind beide Damen interessiert, Mailadresse und Fotos der Maschine werden ausgetauscht. Man melde sich kurzfristig. Am nächsten Tag kommt das versprochene Angebot von der einen Transportgesellschaft, die andere meldet sich nicht wieder.

Ich kann die Suzuki in einen Zwanzig-Fuß-Container stellen, den sie mir vom Hafen in Colón nach Cartagena oder Barranquilla in Kolumbien bringen würden. Das Ganze dauert je nach Schiffsabfahrten 1 bis 2 Wochen. Alle nötigen Zollformalitäten etc. soll ich selbst erledigen, die Papiere müssten einwandfrei vorliegen. Macht 800 US-Dollar, natürlich ohne den Personentransport.

Im Internet lese ich eine nette Geschichte über die elf Stationen, die amerikanische Reisende für die Containerverschiffung eines Wohnmobils ab Panama erledigen und vor allem erst einmal finden mussten. Wirklich etwas für Abenteurer mit Nerven.

Man kann im Netz auch Jahrzehnte alte Stories über Fahrten mit Segelbooten lesen, die inzwischen wohl untergegangen sind, von demolierten und salzzerfressenen Maschinen, von Seekrankheit – es geht 200 Kilometer übers Meer, von Streit mit dem Skipper und illegalen Absetzaktionen irgendwo am Strand von Kolumbien. Es gibt Fahrpläne von Fähren, die längst wieder den Betrieb eingestellt haben. Klingt nach wenig Seefahrerromantik und viel Stress. Vor allem hat die Fahrt durch Mittelamerika gezeigt, dass man bei der Reise über die Grenzen korrekte Ein- und Ausreisepapiere gerade fürs Motorrad braucht. Unterwegs warten reichlich Polizei- und Militärkontrollen. Das wird im großen Kolumbien nicht anders.

Wie also über's Darien Gap kommen? Die Panamericana sieht in Panama City nach einer Sackgasse aus.

Einzige Alternative zum Seetransport wäre tatsächlich der Luftweg. Soll teuer sein. Und als Verfrachter wird Girag genannt. Da gibt es Geschichten über Bikes, die den Transport wohl nicht so gut überstanden haben. Die Girag-Webseite wurde zuletzt 2010 aktualisiert. Unter der Telefonnummer meldet sich niemand. Untergegangen? Wie diverse Segelboote und Fährgesellschaften?

Aus Mallorca kommen Bilder per WhatsApp. Klaus und Peter, alte Bekannte, sind mit ihren Bikes von Dortmund aus auf die Ferieninsel gefahren. 2000 Kilometer. Das letzte Stück mit der Fähre. Blitzblank stehen die Kisten in der Sonne. Ich stehe in Panama im Regen. Der Kanal ist besichtigt, der Schiffsverkehr mäßig bis enttäuschend. Auf der daneben verlaufenden Bahnlinie türmen sich die Container. Im alten

Bahnhofsgebäude aus amerikanischer Zeit brät eine Fastfood-Kette Burger.

Überraschend reizvoll ist hingegen Panamas Altstadt. Einige schön renovierte Paläste und Gebäude neben Fassaden, aus denen die Bäume wachsen und die von Investoren noch wachgeküsst werden müssen.

Aus den Mangroven an der Autobahn zum Flughafen ragt der Kirchturm-Stumpf der frühesten Siedlung der Spanier. Hier stehen noch einige Mauerreste des ersten Panamas. 150 Jahre nach der Gründung wurde die Stadt aufgegeben. Die Spanier zogen aus Furcht vor englischen Piraten auf den besseren Schutz bietenden Felsen am Meer um, auf dem heute der Präsidentenpalast und die Kathedrale stehen.

Ansonsten ist Panama eine Ansammlung von Hunderten Hochhäusern, die Stadtwerber als »vom Miami-Stil geprägt« umschreiben. Einkaufsmalls, Spielkasinos, Banken. Dazwischen immer wieder Straßenzüge, in denen man abends als Fremder besser nicht mehr herumspaziert. Insoweit also auch »Miami-Style«.

Nach drei Tagen Sightseeing und Gesprächen bin ich nicht schlauer als in den Wochen zuvor, die mich das Darien Gap beschäftigt hat. Die Internet-Infos zum Motorradtransport sind veraltet, die Panamesen vermissen die Straße nach Kolumbien offenbar nicht und beschäftigen sich dementsprechend selten mit der Frage. Der Seeweg scheint sehr umständlich, unzuverlässig und teuer. Die angeblich aktive, nicht unumstrittene Fluggesellschaft ist nicht erreichbar. Vielleicht hätte ich einfach mit nach Malle fahren sollen. Dann wäre ich schon am Ziel und das Motorrad noch blitzblank.

Teo und der Stromschlag

Auf dem Weg zum Flughafen trifft mich der Blitz. Ich habe gerade den Kreisverkehr vor dem hochgelegenen Flughafen erreicht, als es aus heiterem Himmel zweimal gewaltig donnert. Sekunden später schlägt ein greller Blitz direkt vor mir ein. Ich spüre einen heftigen Stromschlag in der Gashand, vor allem im linken Zeigefinger. Als wenn man versehentlich in die Steckdose packt – ist mir schon mal passiert. Noch Wochen später kribbelt die Fingerkuppe als wäre sie »eingeschlafen«.

Die Gewitterwolken hatte ich vor den Bergen hinter der Startbahn gesehen. Jetzt, in der Regenzeit, ziehen über der Stadt kurz nach Mittag regelmäßig die Wolken auf, sorgen für heftigen Tropenregen. Abends ist es dann meistens wieder schön.

Was jetzt? Umdrehen oder am Terminal irgendwo Schutz suchen? Statistisch gesehen ist die Chance, zweimal vom Blitz getroffen zu werden, geringer als im Yellowstone Park vom Grizzlybär gefressen zu werden. Das Thema hatten wir ja schon am Grenzübergang von Chief Mountain.

Außerdem bin ich auf dem Weg aus der Sackgasse am Darien Gap. Noch fünf Kilometer. Ich kauere mich hinter das Windschild und klemme mich dicht hinter einen Lastwagen. Keine Ahnung, ob das wirklich schützt. Aber es beruhigt – minimal.

Das Gewitter tobt weiter, als ich an der Einfahrt zum Frachtterminal am Ende der Startbahn des Tocumen-Flughafens ankomme. Zwei DHL-Maschinen stehen auf dem Vorfeld. Etwas abseits einige Flugzeugwracks, teilweise auseinandergebaut. Oder war das auch der Blitz?

Mein Ausweis wird kontrolliert. Als ich sage, dass ich zu Dualtec will, kann ich ohne einen Blick in die Packtaschen oder Fahrzeugpapiere weiterfahren.

Teo erwartet mich. Wir haben zwei Stunden vorher telefoniert. Er hat sich Bilder von der Maschine angesehen, will sie aber wegen der Packtaschen lieber genau nachmessen. Ob ich zu ihm an den Flughafen kommen könne. Klar kann ich, auf die 20 Kilometer kommt's nicht an. Es soll ja irgendwie nach Feuerland weitergehen und in Panama habe ich schon einige Zeit verbracht. Blitzschlag hatten wir beide nicht im Blick.

Auf dem Weg zu Teos Büro komme ich an der Girag vorbei. Sie wirbt auf der Glasfassade mit Bildern von Motorrädern und anderer Fracht für den Lufttransport. Ein funktionierender Telefonanschluss wäre vielleicht effektiver.

Teo und sein Mitarbeiter messen, fragen nach dem Gewicht der Ladung. 230 Kilo, könnte mit den Packtaschen und Anbauteilen auch etwas mehr sein. 960 Dollar für den Transport nach Bogota. Das wäre der günstigste Luftweg. Morgen früh muss die Maschine gebracht werden, einen Tag später könne ich sie vormittags in Bogota abholen.

Das ganze Gespräch kann in Englisch geführt werden. Sein Mitarbeiter fährt mit mir zum Zoll am Eingang des Frachtterminals, spricht mit der Zöllnerin. Nach zehn Minuten sind die Formalitäten erledigt. Nach dem Theater bei der Einreise nach Panama, den Stunden am stinkenden Grenzcontainer, bin ich mehr als verblüfft.

Die Maschine lasse ich gleich da, helfe beim Einwickeln in Plastikfolie, schraube kurz Spiegel, Windschild und Batteriekontakte ab. Die fast vollen Packtaschen können dranbleiben, der Helm wird mit festgeklebt. Ein paar Liter Sprit müssen aus dem halb vollen Tank, kein Problem für die Dualtec-Leute.

Die Gesellschaft hatte ich im Internet gefunden. Die aktuelle Webseite zeigt Zertifizierungen von IATA und verschiedenen anderen Organisationen. Unter der angegebenen Telefonnummer am Flughafen Tocumen nimmt eine Frau ab, die zwar wenig englisch spricht, aber gleich mit Teo verband. Der hatte wohl noch nicht viele Motorräder auf den Weg gebracht, ist aber schnell im Bilde. Die Maschine wird mit DHL nach Bogota zum Flughafen El Dorado geflogen. Ich bekomme die Abholadresse, fünf Fußminuten vom Ankunftsterminal entfernt. Dort kümmern sich die DHL-Mitarbeiter. Sie nehmen die Folie ab, bauen eine steile Rampe, damit ich aus der Lagerhalle fahren kann.

Zum Zoll muss ich selbst. Wieder etwas umständlich, aber freundlich und man wartet in klimatisierten Büros. Nach den nervigen Grenzübergängen von Belize bis Panama war die ganze Abwicklung direkt erholsam.

Teo erkundigte sich noch am Nachmittag ob alles geklappt hat und bedankt sich für die Bilder von der angekommenen Maschine.

Auf jeden Fall war die reibungslose Abwicklung mit Dualtec die 160 Dollar Mehrkosten zum Seetransport wert. Der kolumbianische Zoll nahm noch 58 Dollar für die Einreiseformalitäten. Mein Last-Minute-Linienflug mit der panamesischen Gesellschaft Copa hat 210 Dollar gekostet. Vielleicht lässt sich mit längerer Vorplanung der eine oder andere Dollar sparen. Aber dazu muss man erst einmal pünktlich mit dem Motorrad in Panama ankommen. Die Grenzprobleme in Nicaragua haben gezeigt, wie schnell die schönsten Reisepläne scheitern können. Teo und seine Dualtec Cargo Panama hingegen waren ein zuverlässiger und kompetenter Partner für den Weg übers Darien Gap.

Von Bogota zum Rio Magdalena

Nach der Landung in Kolumbien sind die Einreiseformalitäten mit deutschem Pass schnell erledigt. Die Motorradabfertigung dauert wieder mal Stunden. Zu Fuß ist man in wenigen Minuten im Zolllager am Flughafen. Das Personal im DHL-Büro ist hilfsbereit. Dann geht es ins Zollgebäude gegenüber. Der Sachbearbeiter für die Zweiradabfertigung ist die nächste halbe Stunde ausgelastet, macht dann um halb zwei Uhr Feierabend. Die Kollegin ist erst ab zwei Uhr da. Zeit für einen Mittagsimbiss. Als sie leicht verspätet ankommt, dauert es eine halbe Stunde, bis sie alle besonders netten Kolleginnen und Kollegen mit Küsschen links und rechts begrüßt und die wichtigsten privaten Ereignisse der letzten Stunden besprochen hat. Dann begleitet sie mich zu DHL.

Im Zolllager prüft sie die Fahrgestell-Nummer der Suzuki, noch ein bisschen Papierkram bei DHL und auf dem Weg zurück ins Großraumbüro ein paar herzliche Begrüßungen weiterer Kollegen. Um 12 Uhr bin ich gelandet, um 16 Uhr rolle ich los. An der LKW-Rampe wird mit Paletten eine steile Abfahrt konstruiert, damit das Motorrad ohne Gabelstapler aus der Halle kann.

Das Darien Gap ist überwunden, es geht hinein in die Vororte Bogotás und in den Mega-Stau der Zehn-Millionen-Metropole.

Das Stop-and-go in der schnell wachsenden Hauptstadt Kolumbiens ist schlicht erschütternd. Man fährt von einem Stau in den nächsten. Im historischen Zentrum um den ausgedehnten Plaza de Bolívar stehen eindrucksvolle Kirchen, Paläste und Klostergebäude aus der spanischen Kolonialzeit. Ein Gewühl von Straßenhändlern, kleinen Läden und Menschenmassen wälzt sich über den autofreien Platz und durch die engen Gassen der Altstadt.

2600 Meter über dem Meeresspiegel liegt die wirtschaftliche, politische und kulturelle Metropole, die von den spanischen Konquistadoren an der Stelle der Hauptstadt der präkolumbianischen Muisca-Kultur gegründet wurde.

Die kolumbianische Regierung hat 2016 mit der größten Guerillaorganisation einen fragilen Friedensvertrag unterzeichnet. Nach wie vor operieren allerdings zwei kleinere Gruppen linker Aufständischer und kriminelle Banden im Land. Die Angst vor Bombenanschlägen ist in der Hauptstadt immer noch groß.

Die nächsten Wochen bewege ich mich im Hochland zwischen den drei Kordilleren der Anden, die sich von Nord nach Süd durch Kolumbien ziehen.

Neue Schnellstraßen verbinden die Großstädte. Das Land erlebt nach Jahrzehnten mit Bürgerkriegen und Krisen einen Boom. Bodenschätze wie Öl, Kohle und Gold, fruchtbare, dünn besiedelte Landstriche und modernisierte Städte, in denen viel gebaut wird, verheißen dem riesigen Land mit seiner jungen Bevölkerung eine bessere Zukunft.

Im ehemaligen Guerillagebiet

Für Kolumbien habe ich aus meinem Bekanntenkreis besonders viele Warnungen vor Kriminalität, Entführungen und Kampfhandlungen von Militärs und Guerilla erhalten. Deswegen wollte ich mich eigentlich gar nicht so lange in dem ausgedehnten Staat aufhalten. Vor Ort wirkte die Lage jedoch längst nicht so bedrohlich. Vorsicht bleibt angebracht, sonst wären nicht überall so viele Polizisten und Militärposten zu sehen.

Außerhalb des Häusermeeres von Bogota begeistert die Landschaft, die Freundlichkeit der Menschen, das quirlige Alltagsleben. Nach jahrzehntelangem Bürgerkrieg ist eine Aufbruchsstimmung zu spüren, die Verheißung wirtschaftlich besserer, friedlicher Zeiten.

Nach den heißen Wochen im tropischen Mittelamerika wirkt das eher europäische Klima in den 2000 Meter hoch gelegenen Tälern Kolumbiens erfrischend. Der Reiseplan wird angepasst. Die gut ausgebaute Panamericana kann warten. Kolumbien reicht vom Pazifikstrand über die Kordilleren bis ins Amazonasbecken und an den Orinoco und ist allein schon mehr als eine Reise wert. Ich entscheide mich für eine Schleife durch den abgelegenen Süden des Landes.

Auf dem Weg nach St. Agustín fallen immer wieder ausgedehnte Militärstützpunkte und befestigte Stellungen an den Überlandstraßen auf. Polizeikontrollen sind nicht häufiger als in anderen lateinamerikanischen Staaten. Doch wenn der Frieden nicht hält, steht die Armee bereit.

Beim Frühstück auf der luftigen Dachterrasse in Neiva weht ein kühler Morgenwind das Tal des Rio Magdalena hinab. In einem Topf hängen blühende Orchideen. Ein Kolibri schwirrt heran, steckt seinen Schnabel in den Blütenkelch. Mit 60 Flügelschlägen in der Sekunde hält der zierliche Vogel die Balance. Vielleicht ist es die erste der bis zu 5000 Blüten, die so ein Kolibri an einem Tag anfliegt. Ein bezaubernder Anblick in den oft schroffen Bergen Kolumbiens. 147 verschiedene Kolibri-Arten gibt es in dem Land, das von den Stränden des Pazifiks und der Karibik über drei bis zu 5400 Meter hohe Andenketten bis tief in die Sümpfe des Amazonasbeckens reicht. Mehr als dreimal würde Deutschland in das Gebiet passen, in dem 50 Millionen Menschen leben.

Im bezaubernd schönen Hochtal um San Agustín herum liegt das älteste nachgewiesene Siedlungsgebiet des Landes tief in den Bergen, nahe den Quellen des Río Magdalena. Hier wurden die wichtigsten Spuren früher Kulturen in Kolumbien entdeckt, Steinskulpturen, Grabanlagen, Wohnhöhlen und Gehöfte. Ein archäologischer Park und eine kurvige Bergpiste erschließen die wichtigsten Relikte der prähistorischen, bis 3300 vor Christus zurückreichenden Zivilisation.

Der Magdalena, mit 1600 Kilometern Länge der größte Strom des Landes, ist hier noch ein ungezähmter Bergfluss. Auf zwei Meter Breite wird er von den Felsen eingezwängt. Nervenkitzel für Touristen, die sich in Schlauchbooten durch die Schlucht wagen. Wasserfälle stürzen von den Felswänden.

Bernardo zeigt den Touristen diese Sehenswürdigkeiten. Er spricht mich auf Deutsch an, denn der Bernd kommt eigentlich aus Berlin, ist wegen seiner kolumbianischen Frau nach Bogota gezogen. Hier in San Agustín hat der gelernte Schreiner zunächst Fenster gebaut. Dafür gab es trotz des deutschen Gesellenbriefes nur den kolumbianischen Mindestlohn, erzählt er. Umgerechnet lediglich neun Euro pro Arbeitstag. Seine Fenster waren weitaus besser als die einheimische Qualität. Mehr Lohn bekam er trotzdem nicht.

Jetzt bringt er Touristen im Geländewagen zu den prähistorischen Gräbern und Ortschaften. Für 15 Dollar am Tag und einiges an Trinkgeld kann er seine Familie ernähren, mit dem Mindestlohn sei das schwierig. Ob ich nicht mal die prähistorische Runde fahren möchte?

Mit der V-Strom könnte ich die Strecke schaffen. Der Umweg ist keine 50 Kilometer lang, die Naturstraße erbärmlich. Der archäologische Park gehört heute zum UNESCO-Weltkulturerbe. Die gedrungenen, mächtigen und meterhohen Steinfiguren sind das Symbol der San-Agustín-Kultur, deren verschwiegene Grabstätten und überwucherten Siedlungsreste unscheinbarer wirken als die Hinterlassenschaften der Mayas in Yucatán.

Junges Motorradland

An der Einfahrt von San Agustín liegen mehrere Zweiradwerkstätten, groß wie eine Doppelgarage, mit einem Verkaufstresen tief im Innern und einem vergitterten Lagerraum. Vor der einen parken gut 30 Mopeds. Alle paar Minuten rollt einer der drei Mechaniker ein Bike aus der Garage und nimmt das nächste mit hinein. Die Logos der japanischen Motorradhersteller sind auf ein Schild über dem Tor gemalt.

Meine Suzi könnte eine Wartung gebrauchen. Heute nicht mehr, meint die Frau hinter dem Tresen. Gleich wird geschlossen, es ist Samstag, fünf Uhr nachmittags. Aber am nächsten Morgen, Sonntag, habe man von 9 bis 12 Uhr geöffnet.

Als ich am nächsten Morgen mit kaltem Motor heranrolle, ist das komplette Team wieder im Einsatz, schraubt schon an 50ern, 125ern, 250er Einzylindern. Kettenpflege, Kolbenwechsel, Kupplungsreparatur, frisches Öl, kein Problem. Meine 650er bekommt Respekt, aber es gibt keine Berührungsängste. Ich kann tatsächlich unter drei Sorten synthetischen Motoröls aussuchen. Shell, Motul und Castrol. Der Ölpreis ist niedriger als bei uns, der Arbeitslohn minimal. Die nötige Ölmenge hat der vielleicht 20 Jahre alte Mechaniker, der sich meiner Maschine annimmt, schon im Internet erforscht.

Sein mindestens doppelt so alter Kollege ist taubstumm und offensichtlich handwerklich erfahrener. Mit Gesten hilft er bei der Inspektion, schraubt die Halterung am Motorschutz fest, die der Jüngere übersehen hat. Alles geht schnell und zielsicher. Mancher deutsche Vertragshändler würde sich so ein Werkstatt-Team wünschen.

An der Straße ins nahe gelegene Isnos mache ich ein paar Fotos und wundere mich über die Gruppen kleiner Motorräder, die sich die steile Bergstraße hinaufquälen. Auf fast allen sitzen mindestens zwei Jugendliche, manchmal drei. Dann hält eine Gruppe, schaut sich interessiert meine Suzuki an und probiert die Englisch-Kenntnisse aus.

Woher, wohin, wie schnell, die üblichen Fragen und eine Einladung. Komm doch mit, wir fahren zum Moto Cross. Zehn Kilometer weiter liegt das Gelände. Eine lehmige, steile Strecke. Echtes Cross-Feeling garantiert. Die Zufahrt zum gebührenpflichtigen Parkplatz wird mit einem um einen Zaunpfosten gewickelten Stacheldraht gesichert. Mindestens 500 Motorräder stehen dicht nebeneinander auf einer schlammigen Wiese. Könnte fast schon die Cross-Strecke sein. Immer noch kommen Zuschauer und suchen sich irgendwo ganz hinten einen Abstellplatz auf dem zerfurchten, matschigen Gelände. Meine Suzuki darf in Sichtweite auf etwas festerem Grund abgestellt werden.

Ein Container bietet Speisen und Getränke. Auf Holzstangen gesteckte Fleischstücke, breit wie meine Packtaschen, garen neben einem offenen Feuer. Immer wieder schneidet der Grillmeister die bereits gegarten knusprigen Außenstücke ab und füllt Plastikteller mit Salat, Kartoffeln und dem Fleisch.

Vor dem Fahrerlager gleich daneben fahren sich die Racer erst einmal ohne Helm ein bisschen warm. Dann geht es aber mit Schutzkleidung auf eine Piste mit schlammigen Passagen und eindrucksvollen Anstiegen und Abfahrten. Die Schilder

dem Abflug wird die Suzuki vom Zoll in Düsseldorf geröntgt. Vorbei am Route-66-Rost in den Rockies. Biker-Walzer auf der Plaza von Santa Fe. Grandiose Wüstenlandschaft in Texas.

High Country: Saloon in Colorado. Fröhliche mexikanische Folklore.
Abkühlung am Rio Grande bei 46 Grad. Happy Days im Paradies am Karibikstrand.

Das Vielvölker-Ländchen Belize
hieß früher British Honduras.

Nicht nur auf Fast-Food-Läden wird in El Salvador gut aufgepasst. Farbenfroh und öldurstig der usgemusterte amerikanische Schulbus. Tückischer Lavastrand und kräftige Fischersleut in Costa Rica.

Gut, dass der Truck auf der kolumbianischen Bergpiste nicht entgegenkommt. Warme Alpaca-Wolle a
eisigen Chimborazo. Nach der Schotterpiste braucht die Suzi etwas Pflege.

4358 Meter hoch. Später ging es in Per
sogar in 4700 Metern Höhe über die And

Peru: Am Maria-Reiche-Turm in Nazca. Eine kühle, mystische Schönheit ist der Titicacasee. Pinguine und freundliche Fischerfamilien leben am Punta Atico.

Der Besuch ist tatsächlich da. Normen und Cherry freuen sich in der neuen Dschungelheimat.
Die North Yungas Road mit ihren Abgründen gilt als die gefährlichste Straße der Welt.

t Fähre und Hund über die Magellanstraße. Atemberaubend: Der Moreno-Gletscher. Wind und Weite ma-
n die Tour durch Patagonien zur Herausforderung. Noch bietet die Ruta 40 Staub und Schotterpassagen.

Eine Schotterstraße führt an der zauberhaften Bucht von Inutil entlang nach Porvenir. In den Lavafeldern am Villarrica-Vulkan dürfen Bikes nicht weiter.

Geht doch: Aus dem Sauerland und aus Australien heile in Feuerla angekommen. Die Fähre nach Punta Arenas wartet.

der Sponsoren zeigen die Namen der japanischen Marken, aber auch KTM und BMW sind vertreten. Nur ein dünnes Flatterband trennt Zuschauer und Akteure. Der Schlamm spritzt. Unfälle sind auf dem engen, steilen Kurs selten.

Ein Nachmittag mit echter Motorradbegeisterung und entschlossenen Zweikämpfen. Kaum vorstellbar, dass hier in Isnos vor einigen Jahren noch eine Guerilla-Hochburg lag und vom sonnigen Talgrund des Magdalena-Flusses die Kampfflugzeuge ihre Angriffe flogen. Nur die zaghafte Beteiligung beim Singen der Nationalhymne zu Beginn der Wettbewerbe fällt auf.

Ready for Race

Die Fahrkünste der kolumbianischen Jugendlichen habe ich am Tag zuvor an einer Baustelle kennen gelernt. Eine halbe Stunde standen wir vor dem Städtchen Pericongo in der Sonne. Gut 30 Maschinen hatten sich schließlich am Stau vorbei bis zu den beiden Straßenarbeitern vorgearbeitet. Ein Händler verkauft selbstgemachtes Wassereis mit Kokosstücken. Es schmeckt und verursacht nicht mal Verdauungsprobleme. Noch fünf Minuten, dann ist der Gegenverkehr durch, meint der freundliche Straßenwärter.

Mit seiner Fahne gibt er den Zweiradfahrern ein Zeichen. Amigos, start your engines. Er tritt zur Seite. Was dann passiert, habe ich nicht erwartet. Das erste Drittel der Biker jagt los. Im Blindflug in die Kurven, bis an der Felswand hoch über dem Río Magdalena der Straßenabschnitt kommt, der gerade erweitert wird. Arbeiter laufen herum, ein Radlader setzt zurück. Kaum ist die Baustelle passiert, wird wieder richtig Gas gegeben. Ich halte mich hinter den ersten drei mit ihren Zweihundertern, die offensichtlich beste Streckenkenntnisse haben.

Eine Viertelstunde freies Fahren in den Bergen, ohne Gegenverkehr. Macht mal richtig Spaß. Nachdem ich mit meiner Zweizylinder ganz nach vorn gefahren bin, nehme ich Gas weg. Kühn stürzen sich die Einzylinder an mir vorbei wieder in die Kurven. Respekt. Dann kommen Häuser und Gegenverkehr. Mit einem Grinsen bei allen Beteiligten löst sich der kleine Pulk auf.

Allein durch die Bergwildnis

Die Straße nach Mocoa windet sich den Pass hinauf. An einem Gasthaus mit Forellenteichen herrscht Ausflugsbetrieb, es ist Sonntagnachmittag. Braunweiße Rinder stehen an den Wiesenhängen. Dann kommen nur noch einzelne kleine Gehöfte. Kaum Autos. Auf der Höhe werde ich gestoppt und vom Militär genau kontrolliert. Am Hang über dem Posten sind grüne Sandsäcke aufgetürmt. Ein MG-Schütze sichert die Umgebung. Alles in Ordnung. Gute Fahrt!

Im Nieselregen fahre ich hinab ins Amazonasbecken. Nur einige Indianerfamilien scheinen hier zu leben. In den kleinen Dörfern ist niemand auf den Straßen. Irgendwie surreal. Auf der steilen Abfahrt vor Mocoa sehe ich die unendlichen Wälder, unterbrochen von langen rotbraunen Schneisen. Hier in Südkolumbien kommt es immer wieder zu tödlichen Erdrutschen. In der Stadt Mocoa sind durch Schlammlawinen in den vergangenen Jahren viele Gebäude zerstört und hunderte Menschen verschüttet worden.

Von Mocoa aus plane ich die Route über die Nationalstraße 10, um über die Anden nach San Juan de Pasto zu fahren. In dieser südlichen alten Kolonialstadt erreiche ich wieder die Panamericana Richtung Ecuador. Klingt einfacher als es wird.

Auf der Karte ist die Strecke gut 200 Kilometer lang und führt durchs Hochgebirge über bis zu 3000 Meter hohe Pässe. Scheint eine schöne Gegend mit historischen Siedlungen und waldiger Landschaft zu sein.

Das stimmt auch, der Fehler ist der Begriff »Nationalstraße«. Es wird die schwierigste Etappe meiner bisherigen Reise.

Nach 30 Kilometern endet der geteerte Teil der auf Karten prominent eingezeichneten West-Ost-Verbindung. Die nächste geteerte Alternativ-Route verläuft 200 Kilometer nordwärts. Ich frage einen Kleinbusfahrer, wie lang die Piste ist. Zwei Stunden dauert das schon, meint er. Wer den Fahrstil der Anden-Busfahrer kennt, weiß, dass man mit dem Motorrad und einigen Sightseeing-Pausen mindestens das Doppelte einplanen sollte.

Dann geht es hinauf in die Berge. Steile, steinige Abschnitte, Bergbäche, die über die Piste fließen, nach Erdrutschen notdürftig planierte Stellen, auf der einen Seite von steilen Felswänden und auf der anderen von hunderte Meter tiefen Abgründen begrenzt. Nieselregen macht den Untergrund rutschig.

Alle halbe Stunde kommt ein Zehntonner entgegen. An engen Stellen muss man sich eine Nische am Felsen suchen, sonst fährt der Lastwagenfahrer stur dorthin und man steht mit Motorrad und einem Bein am Abgrund. Größere Lastwagen passen gar nicht auf die manchmal gerade zweieinhalb Meter breite Straße. Sie ist ähnlich spektakulär und gefährlich wie die Ruta del Morte in Bolivien, die ich ein paar Wochen später fahre. Nur fahren hier immer noch die Zehntonner entlang.

Nur selten stehen ein paar Gehöfte an der Strecke. Keine Freude, weil Hunde, größer und kräftiger gebaut als Deutsche Schäferhunde, sie bewachen. Mit gefletschten Zähnen sprinten sie auf das fremde Motorrad zu und sind auf der schmierigen Steinpiste gar nicht so schnell abzuhängen.

Ein Minibus kommt entgegen. Er nimmt einfach meine Seite der Fahrbahn, bleibt dicht am Felsen. Ich muss mit dem Motorrad links rüber, balanciere im Schritttempo knapp neben dem Abgrund, bis er passiert ist. Ein Bergbach stürzt über felsige Stufen hinab. Verrostete Metalltafeln erinnern an die Toten eines Jahrzehnte zurückliegenden Gefechts zwischen Armee und Rebellen.

Als ich auf der einsamen Route hinter Mocoa den ersten 2300 Meter hohen Pass überwinde, stelle ich mir eigentlich zum ersten Mal auf der Tour ernsthaft die Frage, ob eine Alleinfahrt von Kanada nach Argentinien nicht doch zu riskant ist. Mit einem kleinen Ausrutscher an der falschen Stelle könnte ich samt Maschine richtig tief im Dschungel verschwinden. Ich war sowieso überrascht, wie wenig andere Motorradfahrer aus Europa ich in Mittelamerika und hinunter bis Nord-Peru getroffen habe. Erst weiter südlich sind die voll ausgestatteten Reisetourer in größerer Zahl unterwegs.

Andererseits war die Frage nach Mitfahrern im engeren Bekanntenkreis schnell geklärt. Wer es sich zutraute, hatte beruflich und familiär kaum die Aussicht auf eine Auszeit von fünf Monaten – noch dazu mit einem Restrisiko, nicht erholt zurückzukommen. Mit völlig Fremden wollte ich den Trip nicht riskieren. Zu unsicher, ob Kondition und Interessen an Indio-Relikten, abgelegenen Bergstraßen, Millionenstädten und Sehenswürdigkeiten über Monate auf einen Nenner zu bringen sind.

Außerdem ist der Begriff »Alleinreisen« auch nicht ganz korrekt. Meistens ist man ja nicht allein, trifft Einheimische, Motorradfahrer, Touristen.

Die Gedanken über das Risiko der Alleinfahrt verschwinden mit den Wolken an der Passhöhe. Der Blick ist frei auf die menschenleeren, dunkelgrünen Dschungelberge, die anspruchsvolle Naturstraße, die reißend über die Felsen stürzenden Bäche, Papageienpärchen, die über die Piste fliegen. Jede neue Kurve macht neugierig, was einen dort erwartet, ob es weiter geht und wie. Lässt vor steilen Abgründen schaudern, über das Schattenspiel der sinkenden Sonne juchzen.

Im Regen lasse ich die dritte Passhöhe hinter mir, als neben der Straße ein großes Schild auftaucht. Hier wird bald die schöne neue Straße nach Mocoa gebaut. Dann hat Kolumbien tatsächlich eine durchgehende Teerstraße entlang seiner südlichen Grenzregion. Eigentlich schade.

Kurz vor San Juan de Pasto entschädigt der Blick auf die Lagune von La Cocha, einem riesigen Vulkankratersee, mit der Blumeninsel La Corota für das kleine Straßenabenteuer. Spät am Nachmittag endet der unerwartet spannende Tag bei einem köstlichen kolumbianischen Kaffee im pittoresken Café de Narino am gleichnamigen zentralen Platz von Pasto.

Ein Stück weiter, an der Kirche La Merced, stehen die Gläubigen bis auf die Straße. Am Ende des Gottesdienstes gehen viele Besucher nach vorne zum prächtig gestalteten Altarraum. Der Priester verteilt mit einem Stab geweihtes Wasser über die 300, 400 Menschen, die von drei Seiten den Altar umlagern. Er spricht den Segen, die Gläubigen bedanken sich, lächeln einander fröhlich an. Ein schöner Moment des Glaubens und der Zuversicht im manchmal schwermütig wirkenden Lateinamerika.

Ich freue mich mit den Kirchenbesuchern. Bei dem, was ich noch auf dem Routenplan habe, kann göttlicher Segen vielleicht helfen. Für die hinter mir liegende Tagesetappe zünde ich noch eine Kerze an. Muchas gracias!

Flüchtlingsdrama

Die Menschenschlange steht zwischen schwarzen Bändern, die zwischen messingfarbenen Pfosten gezogen sind. Nur langsam geht es voran. Die Leute wollen nach Süden, aber nicht, um ein paar Tage Erholung unter der Sonne zu suchen. Hier geht es um die nackte Existenz.

Mehr als zwei Millionen Venezuelaner haben 2018 ihre Heimat verlassen. 200 davon stehen vor mir in der Schlange. Über Ecuador möchten sie nach Lima oder Santiago im wohlhabenden Chile. Dazu brauchen sie den Ausreisestempel von Kolumbien.

Drei der sechs Ausreiseschalter sind für kolumbianische Staatsangehörige reserviert. Nach wenigen Minuten sind sie unterwegs ins Nachbarland.

Ich stelle mich brav am Ende der Schlange von Nichtkolumbianern an. Direkt vor einer bolivianischen Großfamilie, die immer wieder versucht, sich vorzudrängen. Einfacher machen es sich ein paar Nordamerikaner, die ganz rechts vorbei zum Schalter vorgehen und tatsächlich schnell abgefertigt werden. Ich verzichte darauf, den »Gringo« zu geben. Zwei Stunden stehe ich mitten im Flüchtlingsdrama. Erlebe, wie eine noch nicht zwanzig Jahre alte Mutter mit ihren beiden kleinen Kindern mit Tränen in den Augen um die Erlaubnis zur Weiterreise bettelt. Ihr Mann sei schon in Lima, wo er arbeite und auf die Familie warte.

Abgewetzte Rucksäcke und drei gebrauche Reisetaschen hat das Pärchen vor mir dabei. In Peru oder Chile hoffen sie auf Arbeit und ein menschenwürdiges Leben. Nach zwei Stunden sind sie endlich am Schalter, müssen einzeln zur Grenzbeamtin gehen. Die Frau zeigt ein Papier, eine kurze Diskussion, dann soll sie bei den Ecuadorianern erst einmal fragen, ob sie damit ins Land darf. Ihr Begleiter kommt gar nicht weiter. Seine ID-Karte ist abgelaufen. Reisepässe bekommen viele Venezuelaner nicht mehr von ihren Behörden.

Nach zehn Minuten ist die Frau zurück, ohne Einreiseerlaubnis nach Ecuador. Der Mann diskutiert immer noch am Schalter. Dann resignieren beide, gehen zurück zum Zelt, das Hilfsorganisationen am Grenzübergang aufgebaut haben. Es gibt Schutz vor der Sonne, Wasserflaschen, aber keine Perspektive für eine friedliche Zukunft.

Dabei kommen sie aus dem potentiell reichsten Land Südamerikas. Venezuela hat riesige Ölvorkommen. Landwirtschaft, Tourismus, das dünn besiedelte Land könnte Nahrungsmittel exportieren und ein beliebtes Reiseziel sein. Stattdessen herrschen Korruption, ausufernde Kriminalität, wirtschaftlicher Niedergang.

Die Regierung hat ausländische Unternehmen enteignet, den eigenen Mittelstand vertrieben und die Oppositionsführer verhaftet oder liquidiert. Das vor über einem Jahrzehnt noch demokratisch gewählte Linksregime wurde zur Militärdiktatur. Unter dem verstorbenen Chavez und seinem Nachfolger Maduro wurde nach der letzten Wahlniederlage das Parlament entmachtet. Mit Beratern aus Kuba, Krediten aus China und eiserner Hand gefügiger Sicherheitskräfte bleiben Maduro und seine Clique an der Macht und ruinieren das Land.

Nach zwei Stunden Wartezeit bekomme ich meinen kolumbianischen Ausreisestempel innerhalb von zwei Minuten. Die Zollabfertigung der Maschine und die Einreise nach Ecuador dauern kaum länger.

Unter einem Zelt des UNHCR-Flüchtlingshilfswerkes warten derweil die Abgewiesenen in der Mittagshitze. Ecuador lässt die Venezuelaner an Extra-Schaltern anstehen beziehungsweise zurückweisen. Nur für Frauen mit Kindern gibt es eine separate Schlange, die zügiger abgefertigt wird. Die anderen Nationalitäten haben eine eigene kurze Warteschleife.

Die Vereinten Nationen schätzen, dass allein im Sommer 2018 mehr als zwei Millionen Venezuelaner ihr Land verlassen haben. 800.000 gingen illegal nach Kolumbien. In Ecuador wurden vor Verhängung der Reisepass-Pflicht 4000 Einreisende pro Tag gezählt. 400.000 erreichten Peru, 300.000 gingen nach Argentinien.

Viele sind noch unterwegs. Junge Männer stehen in Gruppen an staubigen Abzweigungen irgendwo entlang der Panamericana, warten auf Mitfahrgelegenheiten. Andere versuchen, als Schuhputzer oder Feldarbeiter über die Runden zu kommen. Mütter mit kleinen Kindern sitzen an den Bushaltestellen, wollen Verwandten folgen, die sich zuvor schon nach Lima oder bis ins wohlhabende Chile durchgeschlagen haben.

Die Fahrt durch die Kordilleren von Ecuador dann ist einfach nur schön. Auf der gut ausgebauten Nationalstraße herrscht überschaubarer Verkehr. Die Orte wirken modern und aufgeräumt. Keine Militärposten oder Polizeikontrollen. Friedliche Normalität, die seit der Brücke am Rio Grande so nicht mehr zu spüren war. Am Yahuarcocha-See gibt es eine von deutschen Auswanderern geführte kleine Lodge. Auf dem Indiomarkt in Cayambe verkaufen Einheimische aus den Dörfern der Umgebung handgemachte farbenprächtige Decken, Ponchos und Taschen aus Alpakawolle zu günstigeren Preisen als auf dem Indiomarkt in Quito.

Ganz in der Nähe von Cayambe steht das Monument für den Breitengrad Null, den Äquator. Die Strecke über die Nordhalbkugel habe ich geschafft. Bis nach Ushuaia liegen noch ungefähr 10.000 Kilometer vor mir. Fahrerisch wird es der härteste Teil der Tour.

Im Schatten mächtiger Vulkane liegt die alte Hauptstadt Quito mit ihren steilen Schluchten und verstopften Straßen. Prächtige Kirchen und Klöster aus spanischer Zeit zieren die Altstadt. Die Fahrt durch die Hauptstadt zieht sich entlang ausufernder Vorstädte und Gewerbegebiete zum rechtwinklig angelegten Zentralen Platz mit Kathedrale und Rathaus. Typisch für die alten spanischen Metropolen südlich des Rio Grande.

Die Siedlung ist viel älter, war der Herrschersitz eines vorgeschichtlichen Volkes. Nach der Eroberung durch die Inkas bauten diese hier im engen Hochtal das nördliche Verwaltungszentrum ihres Reiches, das im 16. Jahrhundert von den Spaniern unterworfen wurde.

Fortan bewege ich mich auf alten Inka-Routen. Auf ihnen zogen einige Hundert spanische Soldaten und Hilfstruppen der mit den Inka verfeindeten Völker innerhalb weniger Jahre bis in die Hauptstadt Cusco und in alle Teile des Reiches, das von Südkolumbien bis nach Zentralchile reichte. Dieses ausgebaute Wegenetz half den Inkas in präkolumbianischer Zeit, ihr riesiges Territorium zu kontrollieren – und beschleunigte ihren Untergang.

Bergparadies am Chimborazo

Alexander von Humboldt hat es auf etwa 5600 Meter geschafft. Mit blutigen Lippen und durchnässten Schuhen stieg er 1802 mühsam über Schnee und Eis den Chimborazo hinauf. Die einheimischen Indio-Führer hatten die Gruppe bis zur Schneegrenze begleitet. Dann ließen sie den Deutschen und seine beiden Begleiter, den französichen Naturforscher Aimé Bonpland und den Ecuadorianer Carlos Montúfar, allein weiterziehen. Den Gipfel des 6310 Meter hohen Chimborazo vor Augen, musste die Gruppe später umkehren. Humboldt nutzte die Erfahrung, beschrieb erstmals ausführlich die Auswirkungen der Höhenkrankheit in seinen Tagebuchaufzeichnungen »Über einen Versuch den Gipfel des Chimborazo zu ersteigen«.

Kopfschmerzen gehören dazu. Die hatte ich am Vorabend im 2850 Meter hoch gelegenen Riobamba schon. Als ich die Maschine jetzt schiebe, um sie aus dem heftig stürmenden Wind zu nehmen, der sie umzukippen droht, wird mir plötzlich schwindelig. Lag's am Kaffee im kleinen Restaurant am Besucherzentrum des Nationalparks?

Ich mache mir darüber erst Gedanken, als der nächste Schwindelanfall beim zügigen Gang zum Eintrag ins Gästebuch folgt. Die Dame vom Besucherzentrum hatte mich darum gebeten. Zugleich hat sie mir erklärt, dass ich nicht mit dem Motorrad die Staubstraße weiter zur Schutzhütte fahren dürfe. Dazu müsste ich einen der einheimischen Fahrer nehmen, die hier mit ihren Privatautos auf Touristen warten. Klar, sie wollen auch etwas von den Besuchern haben, die zum berühmten Berg kommen.

Dann sehe ich das Schild. 4358 Meter hoch habe ich das Motorrad noch nie abgestellt. Um das in Europa zu schaffen, muss man schon ziemlich gut Gelände fahren können. Das Sellajoch hat 2214 Meter, der Col de l'Iseran, die höchste Pass-Straße Europas, 2760 Meter. Der Montblanc ist mit 4807 Metern etwas höher als das Besucherzentrum am Chimborazo, aber wesentlich schwieriger mit dem Motorrad anzufahren ...

Ehe ich mich mit weiteren Symptomen der Höhenkrankheit beschäftigen muss, sitze ich wieder auf dem Bike, das im Sturm heftig schwankt. Schilder warnen vor Vicunjas, den zierlichen

Verwandten von Lamas und Alpakas. Sie scheinen keine Probleme mit der Höhenkrankheit zu haben. In kleinen Herden ziehen sie gemächlich durch die dunkle Lavalandschaft und kreuzen die Straße auf der Suche nach grünen Flecken. Mit Motorrädern rechnen sie dabei wohl nicht …

Eine unglaublich schöne, urzeitliche Kulisse: der erloschene Gipfel, von weißen Wolken überflossen, mit dem Dach aus Schnee, die lavageschwärzten steilen Hänge und die braunroten Vicunjas mit ihren feinen, schlanken Hälsen langsam auf der Suche nach Futter dahinziehend. Die kleinen Verwandten der Lamas suchen nach Grasbüscheln und Moosen, die 4400 Meter über dem Meeresspiegel spärlich wachsen. Wolken umhüllen immer wieder die fünf mit weißem Eis bedeckten Gipfel des Berges.

Eine Gruppe Bergsteiger wird in einem Kleinbus über eine staubige Piste noch höher hinauf auf den Berg gefahren. Um 250 Euro kostet die Gipfeltour bei einer der zahlreichen Agenturen in der nahe gelegenen Stadt Riobamba – Führer, Ausrüstung und Unterkunft in einer Berghütte inbegriffen. Allerdings nehmen die Touristentouren einen einfacheren Weg als jenen, an dem sich Alexander von Humboldt vergeblich versuchte.

Für Humboldt wie für seine Zeitgenossen des späten 18. und frühen 19. Jahrhunderts galt der Chimborazo als der höchste Berg der Welt. Erst Jahrzehnte später, als das Himalaya-Gebirge vermessen wurde, verlor er diesen Nimbus. Der Bericht »Über einen Versuch den Gipfel des Chimborazo zu ersteigen« trug viel zu Humboldts Weltruhm bei. Kein Europäer war zuvor in solche Höhen vorgestoßen. Auf dem Rückweg verirrte er sich in einem Schneesturm. Hätte das Unwetter ihn weiter oben überrascht, wäre der mutige Naturforscher wohl erfroren. Aber er hatte Glück, kehrte nach Berlin zurück und wurde stolze 89 Jahre alt.

In meinen Motorradstiefeln im kalten stürmischen Wind genügt mir die Höhe am Besucherzentrum. Für einen weiteren Aufstieg passt die Ausrüstung nicht und ich müsste mich wohl noch einige Tage in der Höhe aufhalten, um stärkere Symptome der Höhenkrankheit zu vermeiden.

Ich schalte den Motor aus und rolle ohne Helm im rauschenden Wind durch die schwarze Lavalandschaft hinab zum Pazifik. Die nächsten beiden Stunden fahre ich über eine der schönsten Strecken der ganzen Reise, von 4300 Metern Höhe hinunter ans Meer. Auf die Lavafelder folgt eine gelbe Steppenlandschaft, bald abgelöst von grünen Viehweiden und Wäldern an den steilen Hängen. Danach Kartoffeläcker, kleine Maisfelder. Später Zuckerrohrhaine, Melonenplantagen und im Tiefland, entlang des Rio Babahoyo, Reisfelder und Fischteiche. Eine faszinierende Etappe, auf der immer wieder der Chimborazo mit seiner weißen Kuppe die Vorgebirge überragt.

Am Ortseingang von Babahoyo wirbt an einer einfachen Ziegelhütte, kleiner als eine Garage, ein handgeschriebenes Schild: Motorradwäsche.

Könnte die Suzuki mal wieder gebrauchen. Ich gehöre nicht zu den Fernreisenden, die mit ihrer Maschine den Staub aller Länder sammeln. Es macht sich zwar gut, wenn die Reise-Enduro mit Schlammkruste auf der Dortmunder Messe im Wüstensand steht, während auf der Reisebühne nebenan der Multimedia-Vortrag läuft. Vielleicht überdeckt die Patina den einen oder anderen Kratzer. Für die Technik ist die Schlammkruste nicht optimal.

Ich möchte die schwarz-gelbe Maschine wieder glänzen lassen. Sie hat es verdient.

Zwei Dollar verlangt der junge Bursche für die Komplett-Reinigung. Klingt fair. Ecuador hat der Einfachheit halber den US-Dollar als gültige Währung. Uncle Sams Scheine kommen auch aus den Geldautomaten.

Jorge, so heißt er, legt los. Ein paar dünne Schläuche und ein Kompressor irgendwo in der hinteren Ecke der Hütte wirken Wunder. Ein Abfluss im matschigen Boden vor dem kleinen Schuppen leitet das Schmutzwasser mit den Reinigungsmitteln irgendwohin.

Zwei Jugendliche kommen mit einer 125er. Sorry, er hat Kundschaft. Für 50 Cent dürfen sie ihre Maschine selber waschen. Zwischendurch bewirtet mich Jorge mit einer Banane, die er aus dem kleinen Verkaufskiosk nebenan holt, den seine Eltern betreiben. Mit Druckluft treibt er den Staub aus den letzten Winkeln von Rahmen und Motor, poliert den Lack. Die Maschine glänzt in der Äquatorsonne. Toller Job, ich gebe etwas Trinkgeld. Das legt er sich zurück. Er möchte nach der Schulzeit studieren.

Guayaquil und der Bananenwald

Guayaquil ist die rasch wachsende Wirtschaftsmetropole von Ecuador. Im Hafen suchten schon die spanischen Segelschiffe Schutz, die Gold und Silber von Callao in Peru nach Panama brachten. Dort wurde die wertvolle Fracht über den kurzen Landweg an die Karibikküste gebracht, von wo aus die Flotten nach Europa segelten.

Der Altstadthügel am Río Guayas ist heute ein Ausgehviertel mit bunten Hausfassaden, Kunstgalerien, Ateliers, Restaurants und Kneipen. Vom spanischen Fort auf dem Gipfel hat man einen herrlichen Blick über die Millionenstadt und den Fluss.

Die gut bewachte Promenade am Ufer, Museen, Banken-Hochhäuser, Parks, Einkaufsstraßen und zehnspurige Autobahnen bestimmen den modernen Teil der Stadt. Dahinter werden die Straßenzüge wieder etwas schäbig. Die Straßen und Gassen sind mit Hundedreck und Plastikresten verschmutzt.

Vom modernen Airport starten die Flugzeuge zu den 1200 Kilometer westlich im Pazifik liegenden Galapagosinseln, Ziel vieler Touristen, die hier aus Nordamerika, Europa und Asien ankommen. Zu den Badestränden am Pazifik sind es mit dem Bike zwei Stunden. Ich nehme eine kleine Auszeit.

Hinter den Vororten nimmt der Verkehr bald ab. Einfache Verkaufsstände, mit Palmenblättern bedeckt, warten an den Kreuzungen auf Kundschaft, gleich daneben liegen Felder und Plantagen.

Auf dem Weg nach Peru stehen die berühmten Bananenwälder. Sechs Meter hohe Stauden ragen über die schmale Straße. Die Seile der Transportbahnen ziehen sich durch die Haine zu den Gehöften und Verladeplätzen am Wegesrand. Die tropische Pflanzenpracht und der bescheidene Wohlstand, den Ecuador vielerorts ausstrahlt, endet bald hinter der Grenze.

3000 Kilometer Wüste

In Tumbes sind Hunderte Dreirad-Taxis aus chinesischer Fabrikation unterwegs, verstopfen die Altstadtgassen rund ums Einkaufszentrum. In der Fußgängerzone verkaufen Männer mit Kindern an der Hand Kaffee aus Warmhaltekannen, die Plastikbecher haben sie dabei. Alles hier in der nördlichen peruanischen Grenzstadt wirkt viel ärmlicher als in Ecuador.

Die Panamericana wird bald zur Staubautobahn. Sand, kaum Vegetation, rostige Pferdekopf-Ölpumpen, zu denen manchmal Pick-ups auf einspurigen Tracks fahren. Dann wieder weite, scheinbar unberührte hügelige Flächen, hinter denen sich die schwarzen Berge der Anden türmen. Endlose Strände entlang des weißen Saums des Pazifiks, menschenleere Buchten, eingerahmt von schroffen Felsen. Nach den üppiggrünen tropischen Ländern Mittelamerikas, den Andenwäldern Kolumbiens und der überquellenden Vegetation in Ecuador sind die Dünen und pflanzenlosen Hügel, durch die sich die vierspurige Straße in Peru windet, ein heftiger Kontrast.

An den wenigen geteerten Abzweigen warten Einheimische auf den nächsten Bus. Kleine Gruppen, meistens junge Männer aus Venezuela, suchen eine günstigere Mitfahrgelegenheit nach Süden. In Lima oder Chile hoffen sie, ein Auskommen zu finden, um etwas Geld in die Heimat schicken zu können.

Peru ist vor allem Wüste, 3000 Kilometer entlang des Pazifik, ehe die Landschaft im Süden in die zu Chile gehörende Atacamawüste übergeht, die zu den trockensten Regionen der Welt gehört.

Ursache der Kargheit ist die nach Alexander von Humboldt benannte Meeresströmung. Deren kaltes Wasser fließt vom Südpazifik bis zu den Galapagosinseln vor der Küste von Ecuador. Dort dreht der Strom nach Westen ab. Die Wolken, die der Westwind über den Pazifik herantreibt, regnen bereits über dem Meer ab. So bleibt das Land bis hinauf in die Anden trocken und vegetationslos. Die Atacamawüste in Nordchile ist die natürliche Fortsetzung dieser Landschaft. Erst an den Fjorden ganz im Süden wachsen wieder dichte Regenwälder bis an die Küste.

Das Wasser, das der heftige Wind unablässig in schaumgekrönten Wellen gegen den einladenden Sandstrand wirft, ist kalt. Peru hat nicht nur eine gewaltige Wüste, sondern relativ kühle Temperaturen und Strände, deren Wasser nicht unbedingt zum Schwimmen einlädt.

Wo Süßwasser vorhanden ist, sind Oasen entstanden. Schon die Inkas und die Bewohner noch älterer Reiche haben Bewässerungskanäle gegraben. Entlang der Flüsse, die von den Anden den kurzen Weg in den Pazifik fließen, wachsen Bananen, Papayas, Mandarinen und Weintrauben. Städte wie Tumbes, Piura, Trujillo und Lima stehen an den fast ausgetrockneten Flussbetten. In ihren Stadtzentren gibt es sehenswerte Plätze, umstanden von schönen Kirchen, Klöstern und Adelspalästen aus spanischer Zeit. Zuvor haben schon die Indios hier gesiedelt.

Der Motorradfahrer unserer Tage ist meistens in Sand- und Staubwolken unterwegs. Vom Pazifik weht ein heftiger Wind, wirbelt den Sand auf. Die Panamericana ist über lange Strecken vierspurig ausgebaut. Mit Anpflanzungen versuchen die Autobahnbauer, die Dünen an den heikelsten Abschnitten zurückzuhalten. Trotzdem riskiert man auf der Tour eine Staublunge. Der stete Wind trägt dazu bei. Busse und die kleinen Dreiradtaxis fahren durch Staubwolken am Straßenrand. Chiclayo und Chimbote sind Industriestädte mit Zement- und Düngemittelfabriken. Vollbeladene, staubbedeckte Lastwagen schleppen die Ausbeute der Minen und Ölpumpen zu den Industriehäfen und Verarbeitungsanlagen.

Die Hütten in den Weilern entlang der Autobahn und die in Lateinamerika unverzichtbaren Reifenreparaturläden bestehen oft nur aus geflochtenen Außenwänden mit Schilf- oder Bambusdach. Beim Tanken muss man rechnen, den Verbrauch seiner Maschine kennen. Peru ist groß. Das Land hat 32 Millionen Einwohner auf einer Fläche, die fünfmal so groß wie Deutschland ist. Zwischen den Orten liegen schon mal 80, 100 Kilometer ohne Zapfsäule.

Stadt, Land, Müll

Piura gilt als älteste spanische Stadt in Peru. Hier richtete Pizarro im August 1532 eine Basis ein. Zur Küste war es ein guter Tagesmarsch. Der Río Piura lieferte Wasser. Vor seinen etwa 200 europäischen Soldaten und den Indio-Hilfstruppen lagen fast 2000 Kilometer Fußmarsch bis nach Cusco. Die Hauptstadt des Inkareiches mit den sagenhaften Goldschätzen der Anden war das Ziel seines Marsches ins Hochland.

Zuvor war Pizarros Expeditionkorps mit Schiffen von Panama aus die Küste entlang nach Süden gefahren. Also ungefähr die Richtung, die ich mit dem Motorrad genommen habe. Was heute noch etwas abenteuerlich scheint, war vor 500 Jahren eine einzige Herausforderung und unvorstellbare Strapaze. Die unerschrockenen und skrupellosen Eroberer kamen zunächst nur gut 600 Kilometer weit. Bei Cayamarca in den westlichen Anden wurden sie von einigen zehntausend Inkakriegern gestellt. Selbst mit ihren überlegenen Feuerwaffen sah es nicht so aus, als hätten die Spanier die Chance, auch nur einen Kartoffeltopf zu gewinnen.

Die europäischen Krieger, aus den Kämpfen gegen die Mauren in Andalusien an keine besondere Rücksichtnahme auf das Schicksal der Feinde gewöhnt, konnten den Inka-König mit einer List gefangen nehmen. Das große, führerlos gewordene Heer der Südamerikaner war fortan zu keiner entschlossenen Gegenwehr fähig. Indiostämme, die von den Inkas unterworfen worden waren, liefen nun zu den Spaniern über. Die gute Infrastruktur des Inkareiches mit Fernstraßen, Versorgungsstationen und steinernen Städten machte es den Spaniern einigermaßen leicht, bis in die Hauptstadt Cusco vorzudringen.

Piura ist heute eine mittelgroße Stadt wie viele andere zwischen Kolumbien und Argentinien. Rathaus, Kirchen und Klöster rund um den zentralen Platz, ein lebhaftes Geschäftszentrum und verfallene historische Bauten, die auf ihre Renovierung warten. Im Flussbett des Río Piura, durch den nur noch ein schmales Rinnsal fließt, stapeln sich Plastiktüten, Autoreifen und sonstiger Abfall zu kleinen Haufen. Irgendwann wird der Regen den ganzen Dreck die fünfzig Kilometer hinab in den Pazifik spülen.

Größere Müllhalden türmen sich entlang der Autobahn. Manche sind notdürftig mit Sand bedeckt, andere qualmen. Müllwagen sorgen für Nachschub, schütten ihre Ladung einfach in die Wüste. Der Wind weht Plastiktüten wie einen Heuschreckenschwarm über den Sand. Die Tüten hängen sogar in 4500 Metern Höhe auf dem Weg zum Titicacasee in den wenigen Weidezäunen. Klimaschützer stehen in Peru noch vor viel größeren Herausforderungen als in unserer technisierten deutschen Abfallwirtschaft.

Trujillo ist einen Stopp wert. Die Altstadt um die Plaza de Armas ist ein Stück weit restauriert. Museen, viele Geschäfte und Restaurants laden zum Rundgang durch die historisch bedeutendste Stadt Nordperus. In Chimbote schwirrt Staub durch die Luft, es riecht intensiv nach Fisch. Rund um die Stadt stehen Zementfabriken. Im Hafen liegt die größte Fischereiflotte des Landes, die im kühlen Humboldtstrom vor der Küste reiche Beute macht.

Lange vor Lima beginnen die Vororte der Hauptstadt. Jeder dritte Peruaner lebt im Ballungsraum der Elf-Millionen-Metropole. Der Verkehr auf der Panamericana verteilt sich auf zehn Spuren. Dazwischen finden Busfahrer, Mopeds und Tuk-Tuk-Taxen immer wieder neue Wege. Die Fahrt in die Altstadt dauert eineinhalb Stunden. Präsidentenpalast, Kathedrale, ein paar Kilometer weiter liegt dann Callao, der alte Hafen, von wo aus die Spanier ihre mit Gold und Silber beladenen Caravellen nach Panama schickten. Von dort wurde das Edelmetall über die schmale Landbrücke an die Karibikküste gebracht, ehe andere Schiffe die Schätze nach Europa segelten. Englische Piraten lagen unterwegs auf der Lauer. Heute ist Callao immer noch eine lebendige Hafenstadt. Hoch über der Steilküste mit dem schwarzen Sand stehen Villen und Einkaufszentren. Lima hat, wie viele lateinamerikanische Städte, einen historischen Stadtkern in kolonialem Stil, der, behutsam restauriert, durchaus Charme entfaltet.

Rund herum ufern die Vorstädte aus. Landflucht ist überall in Südamerika zu sehen. In den Bergen verfallen Gehöfte. Die Felder, auf denen Indios seit tausenden Jahren Kartoffeln oder Quinoa anbauten, wachsen zu, verwildern. Die mühsam aufgetürmten Terrassenmauern rutschen die steilen Hänge hinab. Den Inkas ist es gelungen, auf den manchmal nur handtuchgroßen Äckern mehr Pflanzenarten anzubauen, als jedem anderen Volk der Welt. 4000 verschiedene Kartoffelarten wuchsen hier. Das Erbgut der Knollenpflanzen bewahren peruanische Wissenschaftler in Lima in einer Samenbank für die Zukunft auf.

Doch wie in allen Entwicklungsländern suchen die Menschen heute ihr Glück und Auskommen in den größeren Städten. Dort sehen die Häuser entlang der Einfallstraßen halbfertig aus. Unverputzt schimmern die Ziegel in der Sonne, oft ragen stählerne Stangen aus den Bauten, weil noch weitere Geschosse bei Bedarf folgen sollen. Die Stadtplanung kommt mit dem rasanten Wuchern der Orte selten mit. Die staubigen Straßen haben tiefe Löcher. Irgendwo steht immer Wasser in Senken, das allenfalls die vielen streunenden Hunde trinken. Essensgerüche der offen gebauten kleinen Restaurants mischen sich mit dem Geruch der Früchte der Obststände und dem Gestank von Fäkalien und Dieselwolken. Man braucht keine Feinstaub-Messungen im Internet anzusehen, um sich hier unwohl zu fühlen.

Die letzten Vororte Limas verschwinden im Rot der Abendsonne. Südlich der Großstadt ist die Küstenebene noch vergleichsweise dicht besiedelt. Der Hafen von Pisco hat zwar den gleichen Namen wie das hochprozentige Nationalgetränk aus destilliertem Traubenmost. Eine Zementfabrik und die nicht kleine Fischflotte geben der Region allerdings eine herbere Note. Dennoch ist die Bucht von Paracas mit den Stränden der gleichnamigen Halbinsel ein beliebtes Ziel von Surfern aus aller Welt. Einfache Läden, Hostals und Pizzarestaurants versorgen die sportliche Gemeinde vor der Kulisse der träge auf dem Pazifik dahindümpelnden kleinen Fischerboote. Draußen in der Bucht liegen ein paar größere Frachter und ein Fabrikschiff auf Reede. Darüber kreisen Pelikane, die sich immer mal wieder steil in den Ozean stürzen und mit einem zappelnden Fisch im langen Schnabel auftauchen. Andere hocken einfach nur auf der Pier, von der aus Ausflugsschiffe zu den vorgelagerten Inseln fahren, und warten, ob eines der Fischerboote den Beifang vorbeibringt.

Etwas weiter weg vom Hafen liegen die Nobelherbergen amerikanischer Hotelketten. Von hier ist es nicht weit zu den einsamen Buchten der Halbinsel und zu den Landschaften des Paracas-Nationalreservats. Im rustikal, mit einfachen Holzmöbeln eingerichteten Pizzarestaurant treffen sich die Surfer. Zwischen bunten Wänden sitzen sie auf farbigen Hockern. Auf dem Großbildschirm flimmern Filme mit mörderischen Wellenritten und rasenden Fahrten im Wingsuit.

Eine kleine Pizza auf Fertig-Blätterteig kostet hier auch schon sechs Euro. In der Küche laufen neben Köchin und einem Helfer abwechselnd noch weitere fünf bis sechs Leute herum, die anscheinend mal gucken, was so alles im Holzofen brutzelt. Irgendwann taucht natürlich auch die Schäferhund-Mischung, die eben noch unbeteiligt am Straßenrand lag, zum Restaurantrundgang auf. Alles sehr pittoresk, in Deutschland würde die Hygieneampel schon lange rot leuchten. Die europäisch-amerikanische Surfergemeinde und die australischen Restaurantbetreiber mit ihren peruanischen Küchenhelferinnen bleiben jedoch entspannt.

Inzwischen wird es dunkel, der Laden ist mit Gästen halb gefüllt. Der graubärtige Betreiber läuft etwas unruhig zwischen Pizzaofen und Eingang hin und her, als ein Lastwagen vor der offenen Front des Lokals hält. Ein Peruaner zieht einen armdicken, staubigen Schlauch bis zum Pizzaofen, vor dem der Graubärtige inzwischen eine Steinabdeckung angehoben hat. Interessiert und anscheinend leicht angeekelt leuchtet er mit der Handytaschenlampe in das schwarze Loch. Zwei seiner Mitarbeiterinnen gucken, verziehen das Gesicht.

Der abendliche Restaurantbetrieb läuft weiter, Teller und Getränke werden zu den Tischen gebracht, während die Gülle unter dem Fußboden weg in den Abwassertank auf der Ladefläche des Lastwagens gepumpt wird. Die Pizza ist nicht billig, dafür aber klein. Zeit für einen Ortswechsel.

Das Nationalgetränk

Auf dem Weg ins Hochland führt die Panamericana südlich von Pisco quer durch die Küsten-Wüste. Nur in geschützten Senken gedeihen ein paar Sträucher und Gräser. Ansonsten ist die

Landschaft kahl, in der Ferne, im Dunst lassen sich die Höhenzüge der westlichen Kordilleren erkennen. Weit dahinter liegen Cusco und die lange im Urwald versunkene Inka-Festung Machu Picchu, Hauptziele der Peru-Reisenden seit Pizarros Zeiten vor 500 Jahren. Cusco war schon im Jahrhundert der spanischen Eroberung eine Großstadt mit 200.000 Einwohnern. Heute leben 350.000 Menschen in der alten Hauptstadt des Inka-Reiches mit seiner ausgedehnten Altstadt. Dort errichteten die Spanier ihre prächtigen Kirchen und Klöster auf den mächtigen Steinblöcken der Fundamente der Inka-Paläste und Burgen. Vor 20 Jahren war ich als Rucksack-Tourist schon dort, würde gerne nochmal hin, aber im riesigen südlichen Amerika gibt es noch so viel anderes zu entdecken. Weiter geht's auf der Panamericana.

Abrupt ändert sich das Bild. Hohe Hecken und Zäune begleiten nun die Straße. Dahinter stehen Spaliere und Reben auf dem sandigen Boden. Rund um Ica liegt eines der wichtigsten Weinanbaugebiete Perus. Die Bodega La Caravedo schmückt sich mit dem Titel der ältesten Wein-Distille Amerikas. Seit 1684 wird hier gepresst und gebrannt. Das Weingut von Tabernero hat zwar nur eine 120jährige Tradition, mit dem 20.000 Quadratmeter großen Keller und über 300 Hektar Weingärten gehört das Gut zu den größten Pisco-Produzenten in Peru.

Der Anbau von Trauben zur Erzeugung von Wein, Schnaps und Brandy kam mit den Spaniern schon im 16. Jahrhundert nach Peru. Mit dem Pisco genießen die Peruaner ein Nationalgetränk mit einem Alkoholanteil zwischen 38 und 48 % Vol. Über die Herkunft streitet man sich allerdings mit dem Nachbarland Chile.

Der Schnaps jedenfalls schmeckt ähnlich wie Grappa und Trester. Pisco wird aus der ganzen Traube gebrannt, während bei den europäischen Varianten der Saft erst aus den Trauben gepresst wird, ehe die Reste zu klarem oder bernsteinfarbenem Schnaps verarbeitet werden.

Nazca – Linien im Wüstensand

Ein heftiger Wind vom Meer drückt gegen das Motorrad, schiebt es zur Straßenmitte. In engen Kurven führt die Straße über die nächste Hügelkette. Dann kommt etwas Grün in Sicht. Noch ein paar Kilometer sind es bis Nazca. In der kargen Ebene voraus sind ohne Mühe lange, schmale Linien zu erkennen. Darüber kreist ein Propellerflugzeug.

Seit 2000 Jahren trotzen die Linien auf dem Wüstenboden dem Wind. Der Schriftsteller Erich von Däniken hat sie als Landebahnen von Außerirdischen interpretiert. Das brachte seinen Büchern zwar Auflage, die Forschung aber nicht weiter. Erfolgreicher war Maria Reiche, eine deutsche Wissenschaftlerin, die ihr Leben der Erforschung der Linien von Nazca gewidmet hat. Museen, Hotels und ein rostiger, stählerner Aussichtsturm, vielleicht zwölf bis fünfzehn Meter hoch, wurden nach ihr benannt. Ein uniformierter, beleibter Mann mit indianischen Zügen passt auf, dass ein kleiner Eintrittspreis entrichtet wird. Dann darf man die Treppe hinauf in den kühlen Wind, der vom 50 Kilometer entfernten Pazifik heranweht. Schon nach wenigen Stufen erkennt der Besucher die Hunderte Meter langen Linien in der vegetationslosen Ebene. Bautechnisch kein so großes Problem, das oxidierte Geröll wurde beiseite geschoben, der helle Schluff darunter ergibt die Zeichnungen. Die Geoglyphen genannten Bodenzeichnungen haben geografische Formen oder zeigen Tierbilder wie Colibris, eine Spinne, sogar Meerestiere wie Orcas.

Für die Menschen der 2000 Jahre alten Kultur, die sie schufen, waren die gigantischen Zeichnungen von den umliegenden Höhenzügen aus erkennbar und dienten wohl rituellen Zwecken. Die Keramikscherben entlang der Wege interpretiert die Wissenschaft heute als Reste von Dankopfern.

Das Volk der Nazca wurde nach der gleichnamigen Oasenstadt benannt. Eigentlich ist es ein Netz von fruchtbaren Fluss-Oasen, umringt von kargen Höhenzügen und steinigen Ebenen, über die sich die schmalen Linien ziehen. Kunstvoll bemalte Keramik, Textilien und ein Bewässerungssystem hat das Volk geschaffen. Eine Schrift hatten sie nicht – wie alle Völker Südamerikas, die dort vor der spanischen Eroberung lebten. Auch die Sprache ist unbekannt, denn die Nazca-Kultur verschwand schon rund 900 Jahre vor Ankunft der Spanier und noch vor dem Aufstieg des Inka-Reiches. Eine Klimaveränderung, die weniger Regenwasser aus den Anden in die Flussniederung fließen ließ, gilt als wahrscheinliche Ursache.

Wenige Autos sind am frühen Nachmittag auf der Panamericana unterwegs. Minutenlang hört man nur das Rauschen des Windes, ehe einmotorige Flugzeuge brummend ihre Bahnen ziehen. Dazu die Zeichnungen in der weiten Ebene, die graubraunen Höhenzüge, der Hauch von zweitausend Jahren Geschichte. Beeindruckend. Dann hält ein Reisebus. Mein Abstieg vom Aussichtsturm gelingt über die schmale Eisentreppe, ehe das Buspublikum beim Uniformierten ankommt.

Die peruanischen Andenkenhändlerinnen in Indiotracht fragen nun freundlich, ob man nicht irgendein Souvenir mitnehmen möchte. Der Hinweis auf die knappen Transportkapazitäten des Motorrades entmutigt sie nicht. Für die Alukoffer haben sie einige Aufkleber im Angebot – und so freuen sich alle Beteiligten über etwas Umsatz beziehungsweise ein Erinnerungsstück.

Der schönste Küstenabschnitt

Heute gehört Nazca zu den festen Stationen vieler Peru-Rundreisen. Unterkünfte gibt es in allen Preisklassen. Am Busbahnhof warten Rucksacktouristen auf die Fahrt zur nächsten Station wie Lima oder Cusco. Eine deutsche Patchwork-Familie hat gleich einen Kleinbus gemietet, der sie in zehn Stunden nach Arequipa bringen soll. Zwei Fahrer sind dabei, um den Toyota Hiace sicher über die 600 Kilometer zu lenken.

Ich tanke noch einmal voll und mache mich ebenfalls auf den Weg hinauf in die alte Klosterstadt. Sieben Stunden bin ich auf dem schönsten Abschnitt der peruanischen Panamericana unterwegs. Die Fahrt ist ein Genuss. Kilometerlang fährt man schnurgerade zwischen der weißen Pazifikgischt und steilen Bergflanken auf dem schmalen Küstenstreifen. Dann windet sich die Straße hinab zu den Mündungen kleiner Flüsse, die Wasser aus den Anden bringen und so einen bescheidenen Feldanbau ermöglichen. In den etwas größeren Siedlungen stehen auch Tankstellen zwischen einfachen Ziegelhäusern und den mit Trockenmauern eingefassten Höfen, in denen Ziegen und Hühner zu sehen sind. Stichstraßen führen zu verborgenen Buchten, in denen schon die Inkas ablegten und wo heute kleine Fischerboote dümpeln.

Als ich in der Bucht bei Quilca Kaffeepause mache, kommen drei Indio-Frauen zu mir. Die Ältere ist vielleicht einen Meter fünfzig groß, die anderen beiden können immerhin übers Motorrad gucken. Lachend machen sie mit ihren Handys Fotos mit mir und der Maschine. Wenn ich Zeit hätte, so ihr Hinweis, sollte ich hinüber zum alten Leuchtturm gehen. In den Felsen dahinter leben Pinguine.

Ein Fischer legt mit einem Ruderboot an der neuen Betonmauer am Hafen an. Sein großer Kahn dümpelt in der Bucht. Morgen früh will er mit einem Helfer wieder hinaus auf den Pazifik fahren und in der Nähe der Felsbuchten sein Netz auswerfen. Weiter hinausfahren lohnt sich nicht, meint er. Da draußen sind die großen Fabrikschiffe unterwegs. Um diese Jahreszeit bleibt für die kleinen Boote nicht viel zu holen.

Die Frauen fragen, ob ich nicht in dem kleinen Restaurant essen möchte, das sie in einem flachen Holzbau an der Hafeneinfahrt betreiben. Ich bin der einzige Gast. Eine Auswahl ist nicht nötig. Es gibt ein Tagesgericht, angefangen mit einer Krabbensuppe, danach Reis mit Gemüse und Fisch. Als Nachtisch eine Schale mit kleingeschnittenen Papayas. Der Fischer setzt sich dazu, nimmt einen Pisco. Sie erzählen von ihrem bescheidenen Leben am Rande des großen Meeres. Einiges sei besser geworden in den letzten Jahren. Der kleine Hafen wurde modernisiert und bietet besseren Schutz vor den Stürmen, die über den Stillen Ozean heranfegen. Immer mehr Touristen kommen in die Gegend, wegen der Pinguine auf der felsigen Halbinsel und der schönen Küste.

Arequipa

Neben den Weingärten in der Wüste bei Ica ist die Region um Arequipa in 2600 Metern Höhe eine der ältesten Weinbauregionen des Landes. In der Bodega Estremadoyro bekommt man einen Eindruck von den Anfängen der spanischen Zivilisation in Peru. Hier im Valle de Majes bei Arequipa wurde 1619 mit dem Pressen der Weintrauben begonnen, um daraus Saft und

Alkohol zu gewinnen. In alten Eichenfässern reift Branntwein. Seit 400 Jahren sind die steinernen Anlagen unter alten Bäumen in Gebrauch.

Die Weingüter und Brennereien laden zu Besichtigungen und Verkostungen ein. Moderne Technik und die Andensonne sorgen für Getränke, die in jedem peruanischen Dorfladen stehen und auf den Weltmärkten wettbewerbsfähig sind.

Mit dem Motorrad beschränkt sich der Genuss auf das abwechslungsreiche Landschaftsbild mit den langen Reihen grüner Reben und einigen fachkundigen Erläuterungen des Winzers. Der dichte Stadtverkehr in Arequipa ist nüchtern schon spannend genug.

Das verwinkelte, ausgedehnte Nonnenkloster von Santa Catalina liegt mitten in der Altstadt. Erst 1970 wurde es für die Öffentlichkeit geöffnet, 391 Jahre nach der Gründung im Jahre 1579. Die Gebäude haben einige Erdbeben überstanden und wurden weitgehend restauriert. Innen fühlt man sich zwischen kleinen Gärten, kühlen Hallen und engen Gassen wie in einem mittelalterlichen Dorf. Abends stehen heimischer Pisco und Wein in den vielen Lokalen rund um die Kathedrale auf der Karte und auf den Tischen.

Bei mir bleibt es beim vorsichtigen Probieren. Kopfschmerzen habe ich schon. Nach der Tagestour entlang der wunderschönen Küstenlandschaft und durch die Wüste hinauf auf 2700 Meter Höhe macht sich die Höhenkrankheit wieder bemerkbar. Schwindel, leichte Übelkeit. Das Bike steht sicher im verschlossenen Hof einer bewachten Garage. Ich schlürfe Mate-Tee statt Wein. Am nächsten Morgen geht es hinauf in die eisigen Höhen der Anden. Der 4500 Meter hohe Pass vor dem Titicacasee ist noch höher als die Straße am Chimborazo. Vor 24 Stunden war ich noch bei den Pinguinen am Meer. Die Akklimatisierungszeit ist zu kurz. Mit heftigem Schwindel und frierend halte ich an einer Tankstelle. Ein paar Fernfahrer machen Mittagspause. Indiofrauen servieren im kleinen Gastraum Kartoffeln mit Ziegenfleisch. Die mit Paprika geschärfte Sauce schmeckt.

Und nun? Zum Titicacasee sind es noch etwa zwei Stunden Fahrzeit. Der liegt »nur« 3800 Meter hoch. 700 Höhenmeter machen schon was aus. Ob das reicht, um sicher weiterzufahren? Oder besser zurück, drei Tage in Arequipa verbringen, um sich an die Höhe zu gewöhnen? Die Trucker sind schon wieder unterwegs. Nieselregen fällt, mit Schneeflocken vermischt. Zeit für eine Entscheidung. Nach einer Stunde Pause, Ziegengulasch und einem Liter Mate-Tee gegen die Kopfschmerzen geht es weiter.

Noch ein Stopp

Kurz vor dem Titicacasee bei Aychuyo begegnen mir erstmals seit Nicaragua wieder Staatsdiener, die mit Hilfe des Reisenden die Kasse auffüllen wollen. Die Polizei winkt meistens durch, wenn sie Ausländer erkennen, manche gucken einfach nur desinteressiert in eine andere Richtung. Also rollt man langsam mit Tempo 20 durch die Kontrollstelle.

Wenn man halten soll, sind die Zeichen eindeutig. Pass, Zollbescheinigung. Woher man komme, wo man hin wolle, wie lang man im Lande sei.

So beginnt auch die Befragung des peruanischen Ordnungshüters.

Steht alles ordnungsgemäß in den Papieren.

Ah, si.

Am inzwischen 18 Monate alten Motorrad ist nicht wirklich etwas zu finden. Die abgefahrenen Reifen hat man hier nicht so auf dem Schirm. Jetzt möchte er sich aber doch mal das Gepäck genauer ansehen. Es dämmert und ich habe noch ein paar Kilometer bis zum Tagesziel. Zeit für Sprachprobleme.

Habla solo un poco espanol.

Ich soll die Koffer auspacken.

Si, Terra de Fuego.

Und die große Tasche auf dem Gepäckträger öffnen.

Andere Reisende haben mich gewarnt. Da wird gern schon mal etwas Brauchbares abgezweigt.

Ich könnte die Prozedur verkürzen, wenn ich jetzt einen zusammengefalteten Geldschein zwischen den Fingern hätte. Aber der Korruption in diesen Ländern Vorschub leisten? Kommt nicht in Frage. Der Sündenfall bei der Einreise nach Nicaragua ärgert mich immer noch, als ich nicht auf die acht Dollar Wechselgeld bestanden habe.

Ich habe die Maschine ausgemacht.

Nun bemängelt der Polizist, dass mein Scheinwerfer nicht geht. Ein Dreh am Zündschlüssel widerlegt ihn. In Europa haben alle Maschinen bei der Fahrt automatisch Licht an.

Er nuschelt wieder etwas, das ich wirklich nicht verstehe, geht noch einmal ums Motorrad. Ich bleibe freundlich lächelnd sitzen. »Terra de Fuego, Valparaiso, Moto con Barco a Hamburg, en Alemania.« Also gut, ich bekomme die Papiere zurück. Gute Fahrt.

Hilfsbereite peruanische Polizei

Bald danach lerne ich wieder einmal die freundliche Seite der peruanischen Polizei kennen. Vor allem die spezielle Touristenpolizei ist bemüht, Reisen sicher zu machen. Die Verkehrspolizei lässt ausländische Fahrzeuge meistens in Ruhe, ist jedoch bei Bedarf ansprechbar.

Juliaca, ein großer Marktort und Eisenbahnknotenpunkt, liegt nahe am Titicacasee. Als ich in der Dämmerung ankomme, verirre ich mich im Gewirr der Marktstände. Sogar auf den Eisenbahnschienen sind Buden aufgebaut. Weit und breit kein Hinweis auf die Ausfahrt Richtung Puno, wo ich während der Mittagspause ein Hotel vorgebucht habe. Baustellen, Umleitungen, da hilft auch Google Maps nicht weiter. Es wird immer dunkler, es regnet, Lastenmopeds und Tuk-Tuk-Taxen verstopfen die Gassen. Seit einer Stunde irre ich durch die niedrigen Häuserzeilen.

Drei Polizeimaschinen, 200er Hondas mit roten Warnleuchten, überholen mich. Ich frage den Letzten an einer Straßenkreuzung, wo es zum Highway nach Puno geht. Er fängt an, den umständlichen Weg zu beschreiben. Ich müsste erst einmal vier Blocks zurück, dann »derecho« – geht nicht, da ist die Baustellensperre – ach ja, dann erst einmal fünf Blocks zurück und so weiter.

Dann fällt sein Blick auf mein Motorrad. Seine beiden Kollegen haben unser Gespräch nicht mitbekommen, sind schon zweihundert Meter weiter. Er beendet den Erklärungsversuch. Ich soll ihm einfach hinterherfahren.

Gerne.

Auf das, was dann folgt, war ich nicht vorbereitet. Er schaltet sein Rotlicht ein – und gibt Gas.

Als wir seine beiden Kollegen erreichen, informiert er sie kurz, aber das war für mich keine Atempause, nur die Gelegenheit, mit der beladenen 650er zu den wendigen 200ern aufzuschließen.

Weiter im Zickzack durch Juliaca, immer auf der Hut vor metertiefen Schlaglöchern und hektischen Tuk-Tuk-Drivern. Straßenbeleuchtung gibt es zwischen den einfachen Lehmbauten, die jetzt die zerfurchten Lehmwege des Barrios säumen, nicht mehr. Dafür wieder reichlich Hunde. Einige bellen und versuchen vergeblich, ein Polizistenbein zu erwischen. Aber mit größer werdendem Abstand kommt ja noch die Suzuki. Also gehen sie auf die los.

In diese Viertel wäre ich freiwillig nicht mal im Hellen reingefahren. Und im Dunklen kaum wieder rausgekommen.

Jetzt bleibt mir nichts anderes übrig, als den Hondas zu folgen. Freies Offroad-Fahren in der City. Wann darf man das schon?

Mit Tempo Siebzig habe ich die Hondas wieder eingeholt und die Hunde nicht mehr für mich allein. Endlich sind einige Blocks weiter LKW auf der Straße zu sehen. Und zwei große Reisebusse. Das sieht nach Teerstraße aus. Tatsächlich. Einen halben Meter steil aufwärts und die Stadtpiste mündet am Teerbelag der vierspurigen Straße nach Puno.

Mittlerweile ist meine Eskorte auf zwei Maschinen geschrumpft, eine Honda hat irgendwo abgedreht. Es gab neben der Touristenrettung wohl noch mehr zu tun.

Ein paar hundert Meter begleiten mich die Polizisten noch, an einem Kreisverkehr zeigen sie mir die Ausfahrt nach Puno. Ich bedanke mich im Vorbeifahren, sie winken kurz, dann drehen sie ab. Klasse, die peruanischen Polizisten in Juliaca.

Die höchstgelegene Marinebasis

Der Titicacasee ist der höchstgelegene See Südamerikas, 15-mal so groß wie der Bodensee. Indios leben hier noch auf Schilfinseln, während die Hauptstadt der Region, Puno, schnell wächst. Die Straße zur bolivianischen Grenze führt idyllisch am See entlang, hinter dem 6000 Meter hohe Gletscher aufragen. Nur wenige Boote sind unterwegs. Am modernen Grenzübergang warten Hunderte Lastwagen. Vom peruanischen Hafen Ilo aus kommen hier die Güter für Bolivien an. Das Land hat schon lange keinen Zugang zum Meer mehr, aber ganz in der Nähe seine Marine stationiert.

Im Salpeterkrieg von 1879 bis 1883 hat Chile die zu Bolivien gehörende Atacama-Wüste und Teile von Süd-Peru erobert. Damit verlor Bolivien seinen Teil der Pazifikküste. Seit 1904 gibt es einen Friedensvertrag, und Peru hat sich mit der neuen Grenze abgefunden.

Bolivien und Chile haben jedoch seit 40 Jahren keine offiziellen diplomatischen Beziehungen. Noch im Oktober 2018 urteilte der Internationale Gerichtshof in Den Haag über den Streit, der eigentlich schon vor 140 Jahren begann. Die bolivianische Regierung wollte Chile verpflichten lassen, Verhandlungen über einen Zugang zum Pazifik aufzunehmen. Fünf Jahre dauerte der Prozess, die Klage wurde abgewiesen. So muss die 5000 Mann starke bolivianische Marine weiter auf dem Titicacasee trainieren.

Davon ungestört funktioniert der Güterverkehr über die Häfen von Arica in Nordchile und Ilo in Peru. Inzwischen sind modern ausgestattete Grenzübergänge entstanden. Jenseits des juristischen Säbelrasselns läuft die Abwicklung von Trucks und Touristen ganz zügig und professionell.

Atemberaubend ist der Ausblick auf La Paz, wenn man über die Straßen aus der Indiostadt El Alto oder vom Flughafen kommt. Die steilen Hänge sind mit Zehntausenden rotbraunen unverputzten Ziegelhäusern bebaut. Moderne Seilbahnen zum Personentransport verbinden die hoch gelegenen Stadtviertel mit dem 800 Meter tiefer im Talkessel gelegenen Regierungszentrum, über dem eine Dunstglocke hängt.

An der Seilbahnstation in El Alto stauen sich auf sechs Spuren die Minibusse, Fußgänger und Marktverkäufer so dicht, dass ich mit dem Motorrad immer wieder feststecke und warten muss. An einem Laternenmasten hängt eine Strohpuppe, am Hals aufgehängt. Eine unverhohlene Warnung: Kriminelle sollen sich ein anderes Betätigungsfeld suchen. In den Straßenlabyrinthen der staubigen Vororte von El Alto warten die Einheimischen nicht lange auf die Polizei, wenn sie einen Dieb, Einbrecher oder Räuber erwischen. Lynchjustiz kommt immer wieder vor.

Kein Ruhmesblatt

Bolivien ist so etwas wie die Loser-Nation unter den südamerikanischen Staaten. Als die Unabhängigkeitsbewegungen von Kolumbien bis Argentinien 1820 und 1821 erfolgreich die Spanier vertrieben, wurden in Bolivien die Schüsse nicht gehört.

Man blieb einfach Kolonie. Um sich der weiterhin spanischen Nachbarn zu entledigen und möglichen Rückeroberungsgedanken vorzubeugen, marschierten 1825 der Befreiungsheld Simón Bolívar und sein Feldherr Antonio José de Sucre mit ihrem Heer auf das unwirtlich kalte Altiplano. Die Gegenwehr der spanischen Truppen blieb schüchtern. So war das Land plötzlich unabhängig. Mangels zündender Ideen für das neue Staatsgebilde übernahm man den Namen des Befreiers. Und die Hauptstadt La Plata wurde umbenannt in Sucre, nach dem zweiten Kriegshelden. Die Regierung zog im Jahre 1899 allerdings das verkehrsgünstiger gelegene La Paz als Sitz vor. Von da aus war man im Notfall schnell in Peru.

So hat das Land heute zwei Hauptstädte, wobei das 3600 Meter hoch gelegene La Paz der eigentliche Regierungssitz ist.

Und die wirtschaftlich wichtigste und größte Stadt ist wiederum das im Tiefland östlich der Anden gelegene Santa Cruz mit fast zwei Millionen Einwohnern.

Die wichtigen Fußballspiele der Nationalmannschaft finden immer in La Paz statt, weil der Gegner in der dünnen Luft konditionell seine Probleme bekommt. Bolivien hat auf diese Weise einige überraschende Qualifikationen für Weltmeisterschafts-Turniere geschafft. Solange jedoch Tibet oder Nepal nicht als Ausrichter fungieren, wird, wie üblich, in der Gruppenphase die Titelhoffnung enden.

Zurück zur Politik. Nach Kriegen mit Peru und Chile, zuletzt im sogenannten »Salpeterkrieg«, trennte Bolivien sich vom größeren Teil des Titicacasees, der 1825 noch ganz zu Bolivien gehörte. Brasilien bediente sich an den kaum besiedelten Dschungelgebieten am Río Madeira, einem Amazonas-Nebenfluss. Schwerer aufs Gemüt schlägt den nationalbewussten Andenbewohnern der Verlust der Atacama-Wüste. Damit fiel die wichtige Hafenstadt Arica an Chile. Die Chilenen können seitdem den Guano-Dünger der Kondore und Bodenschätze wie Kupfer und Salpeter auf eigene Rechnung verkaufen.

Akzeptiert haben die Bolivianer den Verlust des Pazifikzugangs nie. Noch heute unterhält das Land seine Kriegsmarine auf dem Titicacasee. Richtig Angst macht die Flottille den Chilenen wohl nicht. Schließlich liegt die trockenste Wüste der Welt zwischen dem See und ihren Hafenstädten.

Nachdem die Kriege mit Chile und Peru im Desaster endeten und Argentinien und Brasilien als übermächtige Nachbarn sogar den stolzesten Inka-Nachfahren wenig Hoffnung auf gelungene Eroberungszüge ließen, wandte man sich 1932 Paraguay zu. Mit deutschen Offizieren als Beratern, die ihre Kenntnisse im ersten Weltkrieg gesammelt hatten, ging auch dieser

Feldzug schief. Bolivien trat den »Chaco« ab. Von einem der größten Flächenstaaten Südamerikas blieb ein verarmtes Binnenland, in dem nur zehn Menschen pro Quadratkilometer leben. Die Aufmerksamkeit der Welt wurde neben gelegentlichen Fußballerfolgen vor allem durch ständig neue Rekorde bei der Zahl der Putsche und Regierungswechsel auf das Land gelenkt. Selbst Italien kam da nicht mehr mit.

In La Paz stritten »Taxi-Parteien« um die Macht. Die Bezeichnung entstand, weil alle Mitglieder in ein Taxi passten. Einmal an der Macht, füllten sie sich schnellstens mit Staatsgeld die Taschen, das nächste Taxi und das Fluchtflugzeug nach Miami warteten schon.

Die Verhältnisse waren so chaotisch, dass selbst Che Guevara 1964 den Überblick verlor. Seine Guerillatruppe rieb er beim Versuch auf, ähnlich wie in Kuba einen Umsturz zu inszenieren. Die eigentlich zu befreienden Bauern verrieten ihn ans Militär, das den Revolutionär im Dschungel am Rande der Anden stellte und erschoss.

Den wirtschaftlichen Anschluss verpasste das dünn besiedelte Land durch die vielen Umstürze und Kriege. Straßennetz und Internet sind, wie viele öffentliche Einrichtungen, deutlich schlechter als in den Nachbarländern. Doch seit zwei Jahrzehnten sind politische Stabilität und Wirtschaftswachstum eingekehrt. La Paz, Santa Cruz und Cochabamba entwickeln sich zu modernen Großstädten. Fast die Hälfte der elf Millionen Bewohner wohnt in den drei Metropolregionen. Das Hinterland mit riesigen Rinderfarmen, geschützten Waldgebieten und winzigen Dörfern in den menschenleeren Gebirgen wird verbunden durch abenteuerliche Schotterstraßen und alte Indio-Pfade. Einige Verkehrsachsen werden langsam mit Autobahnen verbunden, an den Flüssen entstehen Wasserkraftwerke. Die Straßen nach Argentinien und Brasilien sind ausgebaut, eine leistungsfähige Eisenbahnverbindung zum Atlantik entsteht.

Die Todesstraße

In ganz Amerika gibt es nur eine Straße mit Linksverkehr. Die North Yungas Road. Besser bekannt als gefährlichste Straße der Welt. Wer sie fahren will, wird gleich zu Beginn vor dem Camino del Muerte, der Todesstraße, gewarnt.

Auf dem Weg zum Polizei-Checkpoint am Ortsrand von La Paz steht ein VW Käfer auf einem Betonsockel. Denkmal für die Opfer der Todesstraße und zugleich Warnung für die Reisenden. Davor muss man noch über den Cumbre. Lastwagen und Busse fahren seit einigen Jahren die geteerte und breitere neue Straße vom 4670 Meter hohen Pass hinab ins 1200 Meter hoch gelegene Yolosa. Auf nur 67 Kilometern überwindet man 3500 Meter Höhendifferenz. Erst nach der Jahrtausend-Wende wurde mit Entwicklungshilfe-Geldern eine neue Teerstraße mit Tunneln und Serpentinen in den Fels gebaut.

Ein Kiosk in einer Holzhütte markiert den Abzweig der alten Straße, eine Bergpiste mit ausgespülten Furchen, auf der zwei Autos kaum aneinander vorbeikommen. Die schönsten Aussichtspunkte markieren Kreuze und Gedenksteine für die Opfer der Straße. Dort, wo der Blick besonders weit hinüber auf steile Berge und tiefe Schluchten schweift, passierten die schwersten Unglücke. Busse, Lastwagen und Autos stürzten seit dem Bau der Straße vor 80 Jahren die Hunderte Meter tiefen Abhänge hinab.

Durch dunkle Tunnel, unter Wasserfällen hindurch und einen Fußbreit an tausend Meter tiefen Abgründen vorbei führt der Weg. Geröllhalden von Erdrutschen, rutschige Bachläufe, unübersichtliche Serpentinen. Der San Juan-Wasserfall prasselt direkt auf die Piste. Die Durchfahrt ist erfrischend, was das Wasser unten im Erdreich anrichtet und wann hier alles ins Rutschen kommt, darüber möchte man lieber nicht nachdenken.

Viele Kreuze und die kleinen Gedenkhäuschen begleiten den Weg. Namen und Absturztage sind auf den verwitterten Relikten der Tragödien vermerkt. Manchmal liegen dort frische Blumen. Bei dem Kreuz für »Paco« stehen zwei Bierdosen. Vielleicht ein dezenter Hinweis auf den Grund für seinen Fahrfehler?

Wer den Weg hinabfährt, hat fantastische Aussichten auf Täler und Wasserfälle. Wer bergauf fährt, hat Vorfahrt. Und darf innen fahren. Die bergab rollenden Fahrzeuge bleiben am äußersten Rand der schmalen Schotterstraße stehen und lassen die aufwärts Fahrenden innen vorbei. Wenn es zu eng wird, müssen sie zurücksetzen.

An zwei Schranken wird einmal Maut fällig und der Verkehr kontrolliert. 25 Bolivianos kostet die Fahrt über die North Yungas Road.

Am oberen Checkpoint steht ein Krankenwagen, am unteren – trifft man deutsche Motorradfahrer. Auch ohne Blick aufs Nummernschild wünsche ich »Guten Tag«. Mit einer ziemlich neuen, sauberen und gut bepackten GS 800, makellosen schwarzen Sturzbügeln, feiner Markenkombi und Packtaschen samt Topcase, auf dem noch ein Zeltsack Platz findet, entspricht der Fahrer jedenfalls nicht dem üblichen Erscheinungsbild amerikanischer Motorradfahrer.

Getränke zum Anstoßen werden an der Schranke zur Todesroute natürlich nicht verkauft. Wir nehmen uns aber die Zeit für einen Plausch. Steffen ist wie ich einige Monate allein durch Südamerika unterwegs. Die Maschine kam mit dem Frachtschiff nach Chile. Um der Winterkälte des Südens zu entgehen, fährt er einige Monate durch Bolivien und Peru.

Über den Berggipfeln ziehen Wolken auf, erste Blitze zucken. Zeit, sich auf den Weg zum »La Cumbre« zu machen. Steffen hat die steile Geröllpiste noch vor sich.

Ich fahre hinab in die Yungas, will eigentlich Richtung Trinidad. Diese nördlichen Gebiete Boliviens im Tiefland des Amazonas-Beckens sind auch im 21. Jahrhundert noch fern aller großen Verkehrsströme und schlecht erreichbar. Von Yolosa aus geht die Piste einige Kilometer durch dichten Busch bis nach Yolosita. Von hier könnte ich über die neue Teerstraße zurück nach La Paz fahren. Ich nehme die andere Richtung. Nach 20 Kilometern endet der Belag. Eine knallharte Bergpiste mit spitzen Steinen beginnt.

Am Eingang eines Weilers liegt ein ziemlich grimmiger Hund, größer als ein Bernhardiner, im Schatten. Er blickt zu mir, spannt seine Muskeln an. Ob er losspringt? Er wäre der dritte Straßenköter an diesem Tag. Einer hat mich schon morgens am Ortsrand von La Paz verfolgt. Der zweite rannte von einem Gehöft unterhalb des Cumbre in vollem Lauf vor das Vorderrad, ich konnte gerade noch mit einem Schlenker den Sturz vermeiden.

Geröll von Steinschlägen nimmt meine Aufmerksamkeit in Anspruch. Die Gegend wird immer einsamer. Nur wenige Minibusse und Privatwagen rollen auf der Hauptverbindung der bolivianischen Hauptstadt in die 100.000 Einwohner zählende nördliche Großstadt Trinidad. Noch 300 Kilometer so weiterfahren? Normen hat mich über WhatsApp davor gewarnt. Zu abgelegen ist die Region, wenig kontrolliert. In den Wäldern blühen Coca-Plantagen. Klingt sehr nach Abenteuer. Die knallharte Piste tut der bisher so tapferen, vollbeladenen V-Strom nicht wirklich gut.

Die nächsten 20 Minuten begegnet mir nur ein privates Auto. Wieder ein Erdrutsch, der karge Verkehr wird umgeleitet. An einem Gehöft hält ein Taxi, zwei Schulkinder steigen aus. Schwere Lastwagen kommen entgegen. In den engen Kurven bleiben sie auf der Straßen-Innenseite. Ich rolle vorsichtig weiter.

Eine Stelle ist so schmal, dass ich mit dem Motorrad stoppen muss, um den Lastwagen rechts an der Felsseite vorbeizulassen. 300 Meter tiefer fließt der Río Yolosa unter meiner rechten Packtasche.

Vorsichtig wende ich die Suzuki auf der hier nur drei Meter breiten Piste. Einmal Camino del Muerte reicht.

Böser Hund

Auf dem Weg zurück nach La Paz beginnt es zu regnen. Ein Stück vor der Passhöhe wird die Straße dann weiß. Die Flocken setzen die Scheibe zu. Das Visier beschlägt, es wird bitterkalt.

Auf der Passhöhe des Cumbre sind Indios seit dem Vormittag dabei, im Schneetreiben Kartoffeln zu sortieren. Ein LKW steht dort, auf den die Knollen in Säcken verladen werden, um zu den Kochtöpfen von El Alto und La Paz zu gelangen.

Etwa 50 Meter oberhalb der Straße grast eine Lamaherde. Deutlich ist der zwei Meter große Leitbulle zu sehen, der mit gerecktem Hals die Umgebung beobachtet. Neben den vielen schwarzen Tieren steht ein Pärchen, dicht vermummt in Indio-Tracht, der Mann mit Hirtenstab. Es gibt gemütlichere Schäferstündchen.

Ich bin noch nicht an der Herde angekommen, da setzt sich eines der schwarzen Tiere in Bewegung. Nicht direkt zur Straße, sondern in spitzem Winkel zu meiner Fahrtrichtung. Mit den Schneeflocken auf dem Visier habe ich die Bewegung aus der Mitte der Herde erst nicht wirklich gesehen, nur irgendwie aus dem Augenwinkel etwas Unpassendes wahrgenommen. Reflexartig nehme ich Gas weg. Mit 90 Stundenkilometern mit einem Lama zu kollidieren ist kein Spaß. Ein Unfall mit Wildtieren gehört zu den größten Gefahren der Tour. Rinder, Pferde, Schweine oder Schafe sind oft direkt neben der Fahrbahn an Stricken angebunden und fressen das Grün am Randstreifen. Andere streifen einfach durch die Gegend.

Einen Journalistenkollegen hat es vor einigen Jahren in der Nähe von Cochabamba erwischt. Der sehr erfahrene und gute Motorradfahrer war mit seiner Freundin auf einer Piste am Ostrand der Anden unterwegs, als plötzlich ein Lama auf die Straße rannte. Mit allem fahrerischen Können konnte er den Zusammenprall nicht mehr verhindern. Nur die Schutzkleidung und die intensiven Bemühungen der Ärzte im Krankenhaus von La Paz verhinderten das Schlimmste.

Sekundenbruchteile später, ich fahre vielleicht noch 60, fällt mir der gestreckte Sprint des Lamas auf. Und der merkwürdige Laufweg. Kommt mir bekannt vor. Das ist kein Anden-Kamel. 1,20 Meter groß und pechschwarz rast der Hirtenhund auf mich zu. Das Vieh will weder zum Grasen auf die andere Straßenseite, noch ist es dumm.

Ich kann nicht hören, ob Herrchen oder Frauchen das Tier zurückpfeift. Selbst wenn, scheint der Hund nicht hören zu wollen. Er hat Beute vor Augen, schwarz-gelb mit einem rotgrau-gelben Kopf. Keine Ahnung, ob er die Farbgebung nicht mag. Vielleicht gefällt ihm weiß-blau besser. Andere Zweiradfahrer scheinen ja unzerfleischt hier durchzukommen.

Jedenfalls kümmern ihn Herrchen und Herde in diesen Sekunden nicht. Der Winkel, den er für seinen Sprint gewählt hat, passt gut zur Position meines Vorderrades in etwa 150 Metern. Ich brauche noch zwei Sekunden zum Nachdenken.

Mit diesen großen Rackern habe ich schon einige Begegnungen mit erheblicher beidseitiger Adrenalinausschüttung, letztlich aber unbeschadet überstanden. Einmal wirkte Anhalten und Zeigen, dass man ein freundlicher Mensch ist. In Panama griffen wild scheuchende Einheimische ein, als das kläffende Rudel auf sieben Tiere angewachsen und die schmale Sandpiste nur im Schritttempo befahrbar war. So blieb es bei einem folgenlosen Biss in den Motorradstiefel.

Ansonsten ist der Dreh am Gasgriff das Mittel der Wahl. Ab 50 Stundenkilometern verlieren die bisswütigen Jäger nach einigen Dutzend Metern die Lust am Waidwerk und feiern mit triumphalem Bellen die Vertreibung des Durchgangsverkehrs. Erstaunlicherweise schaffen es selbst die scheinbar wütendsten Angreifer, eine Kollision zu vermeiden. Bremsen und hektische Ausweichversuche sind für den Motorradfahrer nämlich nicht die beste Wahl bei solchen Begegnungen. Es sei denn, man möchte mal eine Tourenpause einlegen und eine gründliche Tollwutimpfung über sich ergehen lassen.

Geradeaus weiterfahren, beschleunigen und Sekunden später im Spiegel verfolgen, wann der Köter abdreht, sollte der Lauf der Dinge sein. Worst case wäre ein Crash mit dem Tier.

Große Hunde als Kontrahenten trifft man zwischen Mexiko und Bolivien regelmäßig, gerne auch in kleinen Rudeln. Wenn sie zähnefletschend mit ihren jeweils vielleicht 70 Kilogramm vor dem Bike hin und her springen, sieht das echt böse aus. 210

Kilo Enduro, deren Lenker mit beiden Händen fest auf Kollisionskurs gehalten, dazu 150 Kilo Fahrer, Anbauteile und Gepäck, mit Tempo 60 unterwegs, sind keine wirklich leichte Beute. So weichen sie im letzten Moment doch aus, sind nicht mal mit einem Schlenker und den breiten Aluminium-Packtaschen zu erwischen.

Mit den Begegnungen wird der Adrenalinausstoß geringer, man gewöhnt sich an alles. Wobei wir wieder beim Lama-Hund wären. Der emsige, pechschwarze Hirten-Racker ist mit gut 1,20 Meter Größe, den schnellen, gestreckten Bewegungen und dem langen Anlauf auf gutem Wege, die eingetretene Gelassenheit bei solchen Begegnungen zu bestrafen. Recht schlau hat er zudem einen Winkel gewählt, bei dem er bei gleichbleibendem Tempo ziemlich knapp vor dem Motorrad ankommt, so in drei bis fünf Sekunden.

Meine Zeit zum Nachdenken läuft ab. Der bei einem verträumten Wildtier angebrachte Bremsreflex ist bei diesem entschlossenen Jäger vielleicht die falsche Entscheidung. Ich reiße am Kupplungshebel, schalte in den vierten Gang und drehe am Gas. Die Suzuki hebt sich ein paar Zentimeter aus den Federn und ändert leicht die Richtung bis an den rechten Fahrbahnrand. Nix mit Vorderrad. In Höhe des linken Alukoffers erreichen die gefletschten Zähne das Bike. Hier gibt es nichts zu beißen. Ein paar Meter bleibt der Hund noch dran, dann kann ich mich wieder dem Schneetreiben auf der Passhöhe widmen.

Ich hoffe nur, Steffen und seine 800er GS waren vor dem Regen schon am oberen Ende der Death Road. Auf der steilen Geröllstrecke erst vom schlechten Wetter und dann auf der Passhöhe im Schnee von einem frustrierten Höllenhund erwischt zu werden, wünscht man niemandem ... Hoffentlich klappt das besprochene Treffen auf der Dortmunder Motorradmesse trotz tierischer Schikanen.

Lange Nacht

Noch einmal durch den Stadtverkehr von La Paz. Bis in die Innenstadt hinunter fahre ich nicht mehr. Um nach Süden zu kommen, muss ich am nächsten Morgen hinauf nach El Alto. Also bleibe ich am Ortsrand, weit oben im Talkessel. Nach einigem Suchen finde ich im dichten Häusergewirr der Vororte eine einfache Pension. Die billigste Unterkunft der 150-Tage-Reise. Drei Dollar, ohne Frühstück. Ein bewachter Parkplatz ist bei dem Tarif nicht drin. Ich soll die Maschine in den 1,50 Meter schmalen Hausflur stellen. Am Ende eines langen Tages werden die Packtaschen einzeln zwei Stockwerke hinaufgeschleppt. Jetzt kommen die anderen Gäste so gerade an der Suzuki vorbei. Hoffentlich gibt´s heute Nacht keinen Feueralarm. Das einfach verglaste Zimmerfenster schließt nicht ganz, weil die Kabel für die Leuchtreklame dort hinausgelegt sind. Als die Sonne weg ist, fällt das Thermometer auf Null Grad. Das Bettzeug ist sauber, aber feucht-klamm. Die Nacht wird ungemütlich. Draußen ist es laut, drinnen eisig kalt. Auf der erst rohbaufertigen Etage über meinem Zimmer sind noch Handwerker zu hören.

Trotz des anstrengenden Tages ist kein Schlaf zu finden. Um halb elf haben draußen noch einige kleine Lebensmittelläden und eine Hähnchen-Braterei geöffnet. In Hauseingängen und auf dem Bürgersteig sitzen Indiofrauen, die trotz der Kälte einfache Waren wie Papiertaschentücher, Taschenlampen, Batterien, Reispackungen oder Plastikschüsseln verkaufen. Ihre kleinen Kinder schlafen unter den Ponchos der Mütter. Immer noch fahren die altersschwachen Busse, nur sind sie jetzt nicht mehr so voll.

Das halbe Hähnchen und die frittierten Kartoffelstücke sind wenigstens warm, der karge, geflieste Speiseraum ebenso. Eine Stunde und zwei Bierflaschen später steht die Suzuki noch im Flur, der Nachtportier schläft auf einer Pritsche hinter dem Tresen. Über meinem ungeheizten Zimmer wird immer noch gewerkelt. Um Mitternacht hält ein Lastwagen mit einem alten, lauten Diesel im Lichtschein der Reklameleuchte. Der Motor bleibt an, als drei Männer beginnen, das Baumaterial von der Ladefläche abzuladen. Ziegelsteine, Rigipsplatten und Zementsäcke. Nach einer halben Stunde haben sie alles durchs Treppenhaus auf meine Zimmerdecke geschleppt. Ich lasse die Dusche eine Viertelstunde laufen. Im Zimmer wird es etwas wärmer. Um Eins ist endlich Ruhe. Die Bauarbeiter und das bisschen Wärme von der Dusche sind weg.

Fünf Stunden später wird es hell. Der Straßenlärm ist wieder da, die nächtliche Kälte geblieben. Ich bin dick angezogen und schiebe die Suzuki auf den Bürgersteig, hole die Packtaschen von oben. Nachts hat es gefroren. Unter Decken liegen Obdachlose auf einem verwahrlosten Ruinengrundstück.

Die Seilbahnen schweben von El Alto herunter, bringen die Arbeitskräfte in die wohlhabenden Viertel weit unten im Tal zu den Läden, Fastfood-Restaurants, Botschaften und Regierungsgebäuden. Die Auffahrt zur neuen Schnellstraße, die in den steilen Hang hineingebaut wurde, muss man suchen. Oben stauen sich die Minibusse, Laster und Privatwagen. Am Ampelmasten hängt die Strohpuppe am Galgen. Die Haltestellen sind völlig überfüllt. In fünfter Spur auf der Schnellstraße zum Flughafen hält einfach ein Minibus. Einige Fahrgäste steigen aus. Rechts und links quetschen sich die anderen Fahrzeuge vorbei. Der Bus rollt längst weiter, während die abgesetzten Fahrgäste versuchen, lebend über die vier Fahrstreifen bis zum Straßenrand zu kommen.

Nach den ausfransenden Stadtvierteln hinter dem Flughafen beginnt das Altiplano. Eine trostlose, baumlose Landschaft mit ärmlichen Dörfern und mageren Viehweiden. Ein eisiger Wind weht über die 3600 Meter über dem Meeresspiegel gelegene Ebene.

Ohne Kurven führt die neue vierspurige Autobahn 200 Kilometer Richtung Oruro. Lastwagen stehen am Straßenrand. Die Fahrer hocken mit einer Klopapierrolle in der Hand im kniehohen Gras. In bunten Ponchos aus Lamawolle und mit Strickmützen geht eine Indiofamilie über einen Feldweg zu einem Gehöft. Der Vater sitzt auf einem kleinen Pferd. Nieselregen fällt.

Am Rande eines Dorfes winkt mir ein Radfahrer zu, in Funktionskleidung und mit Helm. Eher kein Einheimischer. Als ich stoppe, rollen noch zwei Räder heran. Ein Tessiner und zwei Norditaliener auf dem Weg zum Titicacasee. Respekt. Mir reicht ohne Motor schon der Ruhrradweg von Winterberg zum Baldeneysee. Nach dem freundlichen Hallo fragen sie, ob ich zufällig Gaskartuschen für den Campingkocher dabei habe. Leider nicht, ich verlasse mich auf die Kochkünste der Einheimischen. Seit drei Tagen radeln sie schon ohne selbstgekochte Spaghetti, bevor sie abends mit klammen Fingern in die kleinen Zelte kriechen. Nirgendwo in den Dörfern und Kleinstädten waren die Kartuschen zu bekommen. Das bolivianische Hochland ist nur begrenzt auf Touristen eingestellt. Am nächsten Tag wollen sie in La Paz ankommen. Da gibt's einen Baumarkt.

Mich zieht es nach den Tagen in den Anden in wärmere Gefilde. Davor liegt noch die 4000 Meter hohe Kette der östlichen

Kordillere. Die Etappe ist eigentlich die Hauptverbindung zwischen der Hauptstadt La Paz und den Wirtschaftsmetropolen Cochabamba und Santa Cruz. Sie wird unerwartet schwierig.

Hundstage

Diesmal scheint es kein Entkommen zu geben. Mitten auf der neu geteerten Fahrbahn haben es sich zwei schwarze Ungeheuer bequem gemacht. Der Durchlass ist schmal, weil die Straßenarbeiter kürbisgroße Steine verteilt haben. Autos und LKW sollen den neuen Belag nicht nutzen, ehe der Präsident den Abschnitt offiziell eröffnet hat, sondern auf der zerfurchten Piste neben dem neuen Autobahnabschnitt bleiben.

Mit dem Motorrad war der frische Teer eine Einladung, dem Dieselqualm, den Staubnebeln und den glitschigen Schlaglöchern zu entkommen, die hier in den viertausend Meter hohen Bergen vor Cochabamba die Hauptverkehrsader Boliviens begleiten. Allerdings störe ich zwei riesige Hunde bei der Mittagspause.

Zähnefletschend springt das schwarze Tier auf, deutlich größer als ein Schäferhund. Die Hände fest am Lenkergriff gebe ich Gas. Ausweichen geht wegen der vielen Steine sowieso nicht. Im Zweifel treffen 250 Kilo Motorrad und Gepäck plus Fahrer auf zweimal 70 Kilo Hund.

Nebenan auf der zerfurchten Piste verschwindet gerade die hintere Hälfte eines Vierzigtonners in der von ihm selbst aufgewirbelten Staubwolke. Hilfe ist von dort nicht zu erwarten. Wegen Hunden halten sie nicht, das zeigen die Kadaver entlang der Überlandstraßen Südamerikas.

Nun ist auch der zweite Hund zähnefletschend auf den Beinen, während ein drittes Problem auftaucht. Falls ich irgendwie an ihnen vorbeikommen sollte, sperrt ein meterhoher Erdwall die Straße. Dahinter ist ein tiefer Graben erkennbar. Offensichtlich fehlt noch eine Brücke der zukünftigen Autobahn. Links fällt der Berghang steil ab. Rechts liegt die alte Piste zwei Meter tiefer als die neue Fahrbahn. Dazwischen ein Streifen Staub und Geröll. Zum Umdrehen – ich war mit Tempo 50 unterwegs – scheint es zu spät. Eine Szene wie in einem dieser Doku-Filme, wo man entscheiden soll, wie es nun weitergehen könnte.

Es gibt meistens drei Möglichkeiten, von denen zwei Entscheidungen je nach Vorleben direkt in die Hölle oder in den Himmel führen: Lösung 1 – Den U-Turn wagen, zu langsam sein und die Gebisse zweier ausgehungerter, verwilderter Berghunde im Nacken spüren.

Lösung 2 – Mit Vollgas den ersten Hund anfahren, der sich in wildem Schmerz in den Biker verbeißt, ehe auch sein Gefährte an dem Festmahl teilhat.

Lösung 3 – Beim verzweifelten Ausweichversuch auf losem Untergrund stürzen. Alles weitere siehe oben.

Ein Ende als Hundefutter gehört nicht zum Konzept der Tour, ist in den menschenleeren Weiten Lateinamerikas mit den vielen aggressiven Rackern jedoch nicht völlig ausgeschlossen. Vor allem die Vierbeiner in den Berggegenden, ob Hirtenhund, wildes Rudel oder verlassener Einzelkämpfer, sind groß, immer hungrig und angriffslustig.

Nach etwa 15 solcher Attacken allein auf den 12.000 Kilometern zwischen Rio Grande und bolivianischem Hochland ist das Grundkonzept klar: Lenker ganz, ganz, ganz fest halten, Gas geben und nach gut 100 Metern im Rückspiegel sehen, wie der Hund bellend stehen bleibt. Gleichzeitig die Piste nicht aus den Augen lassen, weil – ist mir wirklich alles passiert – ein schneller Lastwagen in der nächsten Kurve beide Fahrstreifen braucht, tiefe matschige Schlaglöcher kommen oder der nächste Vierbeiner sich zum Angriff bereit macht. Und vor allem: nicht stürzen!

Ich beherzige Letzteres. Die Suzi macht einen Satz hinunter zur Piste, schlingert durch die Staubwolke und bringt schnell ein paar Meter zwischen Hunde, Lastwagen und Abgrund. Geschafft.

Hoch in den Anden bauen chinesische Firmen ein Netz von Wasserkraftwerken. An den Baustellen und hinab ins Tiefland stauen sich kilometerlange LKW-Kolonnen, kriechen mit 30 den nächsten Anstieg hinauf. Auf dem Osthang der Anden wird die Natur immer tropischer. Wolken türmen sich über dichtem Wald. Schlammige Sturzbäche erschweren das Überholen.

Als ich einmal eine Pause machen will, stehe ich knietief in Mülltüten. Mehr zum Waldrand hin lassen Klopapierfahnen und der intensive Geruch keinen Zweifel, dass man es mit Natur – allerdings nicht mit unberührter Natur – zu tun hat. Je weiter ich hinab nach Cochabamba komme, umso dreckiger werden die Randstreifen.

Raumtransporter

Es gibt Videos im Netz, die zeigen vierstrahlige Tupolew-Flugzeuge beim Start mitten im dichten Urwald der Ost-Anden. In einem Land, in dem eine Busreise von der Hauptstadt La Paz in die 400 Kilometer entfernte, nördlich gelegene Provinzhauptstadt Trinidad neun Stunden dauert, ist das kein Zeichen von Fortschritt.

Der Flughafen liegt mitten in einem der beiden von der Regierung genehmigten Coca-Anbaugebiete Boliviens. In den

Indio-Reservaten im Norden Boliviens liefern die Pflanzen mit den weichen Blättern den Rohstoff zum Kauen. Immer wieder trifft man Menschen, die mit einer dick gefüllten Wange mehr oder weniger benebelt durch den Arbeitsalltag dämmern. Die weiter im Süden angebauten Blätter sind dafür zu hart. Sie gelten als Grundstoff zur Kokainherstellung. Nun könnte spekuliert werden, was die größten zivilen Transportmaschinen der Welt wohl auf dem gut ausgebauten Urwaldflugplatz laden.

Der Präsident des Landes lächelt derweil von übergroßen Schildern an jeder Straßenbaustelle. Ende 2019 will Evo Morales zur vierten Amtsperiode wiedergewählt werden, was der demokratischen Opposition Sorgen macht. Die Verfassung muss dafür geändert werden.

Kolumbien hat kürzlich die Amtszeit des Präsidenten auf vier Jahre begrenzt. Das neu gewählte konservative Staatsoberhaupt hat also nur eine Wahlperiode, dann übernimmt eine andere Person das Amt. So soll der Despotismus, der Venezuela und Nicaragua an den Rand eines Bürgerkriegs und wirtschaftlich in den Abgrund getrieben hat, vermieden werden.

Bleibt abzuwarten, welchen Weg der sich volkstümlich gebende Präsident Evo geht, den viele Bolivianer beim Vornamen nennen.

Hinunter in die Tropen

Cochabamba hat eine lebendige Altstadt mit schönen Bauten aus der Kolonialzeit. Im Kloster Santa Teresa ist ein historisches Museum eingerichtet. Vulkankegel überragen den dicht besiedelten Talboden. In einem Caféhaus wird, wie oft in Südamerika, hervorragender Kaffee serviert. Jugendliche sitzen mit

Croissants und Handys an den Bistro-Tischen in der Sonne. Könnte irgendwo in Barcelona sein. Nach dem stürmischen Altiplano mit den unwirtlichen Weilern zwischen kahlen, rauen Bergen weht nun plötzlich ein milder Hauch mediterraner Zivilisation durch die alten Gassen.

Noch einmal windet sich die Nationalstraße 4 hinauf in die Berge auf 3700 Meter Höhe. Dann geht es rasch hinab in die tropischen Regionen Boliviens. In Villa Tunari stehen kleine, gepflegte Hotels unter Palmen. Dann beginnt das Land der Farmer und Rancher. Bis nach Santa Cruz wechseln sich Obstplantagen und Rinderweiden ab. In kleinen Landstädtchen stehen flache Bauten mit schattenspendenden Vordächern, die an die Wildwest-Dörfer Arizonas erinnern. Die Gesichter der Menschen sind heller, die Züge europäischer als in den Indio-Dörfern des Hochlandes. Hier leben viele Einwanderer aus der Alten Welt. Sie haben die Urwälder gerodet und große landwirtschaftliche Betriebe aufgebaut.

Manche Gruppen kamen, um ihren Glauben ungestört ausüben zu können. Etwa 70.000 Mennoniten leben in eigenen Siedlungen im dünn besiedelten bolivianischen Tiefland. Von der Teerstraße gehen unbefestigte Feldwege ab, an deren Beginn manchmal eine Schranke und ein Wachposten die Zufahrt verwehren. An Bushaltestellen und in Pick-ups sieht man Männer im karierten Hemd in ausgebeulten Latzhosen, mit breitkrempigen Hüten, wie sie John Wayne gerne aufsetzte. Die Frauen tragen dunkle Trachtenkleider. Schwarze Kutschen mit Holzrädern, gezogen von einem Pferd, fahren manchmal auf den unbefestigten Fahrspuren neben der Überlandstraße.

Stadtfest

In Santa Cruz herrscht Festtags-Stimmung. Nicht etwa, weil ich nach drei Monaten an meiner vorerst letzten Etappe auf dem Weg nach Ushuaia angekommen bin. Die Stadt feiert das ganze Wochenende. Am Samstagabend gibt es ein Konzert mit örtlichen Musikern. Klassik, Folklore und Punkmusik klingt über dem Platz des 24. September im Zentrum der Altstadt. Vor dem Kulturpalast ist eine Bühne aufgebaut. Hunderte Zuschauer sitzen auf den Stühlen. Andere hören vom weiten Platz und den Balkonen und Terrassen der umliegenden Clubs und Kneipen aus zu. Vor der Bühne wird zum Ende des Konzerts nach Walzermelodien getanzt.

Fliegende Händler verkaufen Eis, Luftballons und Wein in Gläsern. Die Stimmung ist ausgelassen und friedlich. Als gegen Mitternacht das Konzert endet, genießen viele Besucher noch die laue Sommernacht. In weiße Jacken gekleidete Herren, die wie Ober in einem Wiener Kaffeehaus aussehen und auch so formvollendet auftreten, verkaufen Kaffee aus großen Thermoskannen. Weit nach Mitternacht leert sich der Platz. Auf den umliegenden Balkonen wird weiter gefeiert.

Am Sonntagvormittag kommen Blaskapellen und Honoratioren. Der Provinzgouverneur und die Spitzen der Stadtverwaltung halten Reden. Polizei und Militär stehen stramm. Dann ist der offizielle Teil vorbei, das sonntägliche Treiben kehrt zurück, das überall in Südamerika auf den zentralen Plätzen zwischen Kirche und Rathaus zu sehen ist. Kinder spielen, Eisverkäufer machen ihre Geschäfte, aus den Kirchen kommen Frauen mit dunklen Kopftüchern.

Transportservice

In Santa Cruz erreicht mich eine Nachricht von Normen. Kannst du uns Hundefutter mitbringen?

Die schnell wachsende, wohlhabende Metropole des Tieflandes ist mit zwei Millionen Einwohnern größer als La Paz. Der Flughafen hat die meisten Verbindungen nach Nordamerika und Europa. Ringförmig liegen die neuen Wohn- und Gewerbegebiete um die spanisch geprägte Altstadt mit Museen, Boutiquen, Hotels, Restaurants und Einkaufsstraßen.

Eine vernünftige Stadtplanung, florierende Betriebe, modernisierte Bahnverbindungen, die Landwirtschaft in der Umgebung und gute Straßen nach Brasilien und Argentinien haben die Stadt in den letzten Jahrzehnten rasch wachsen lassen. Ölfunde und vor allem Erdgasvorkommen bringen heute viel mehr Geld in die Region als Urwaldholz und die Produkte der Rinderfarmen, Zuckerrohr- und Tabakplantagen, die im 19. Jahrhundert noch mit Maultierkarawanen in die Städte des Hochlandes gebracht wurden.

Hier gibt es Märkte und Einkaufszentren. Die Güter aus dem Ausland sind billiger als im 400 Kilometer östlich liegenden Santiago. Selbst in der Provinzhauptstadt Robore sind viele Dinge kaum zu bekommen, die in Santa Cruz im Ladenregal stehen.

Dazu gehört das Hundefutter, auf das Normens Frau Cher schwört. Es bekommt ihren Vierbeinern am besten.

Nun hege ich für Hunde, nach den bisherigen Erfahrungen auf der Tour, ganz andere Gedanken als deren gesunde Ernährung. Auf der Suzuki ist Platz, nachdem ich schon einige Ausrüstung und Kleidungsstücke ausgesondert habe. Ich mache mich also auf den Weg zum Supermarkt und später mit 40 Kilogramm Hundefutter auf dem Soziussitz auf den Weg in den Dschungel. Auf der wichtigsten Ost-West-Verbindung zwischen Brasilien und Bolivien ist der Verkehr überraschend spärlich. Die Lastwagen und Privatautos sind allerdings moderner als im Hochland. Gelegentlich kommt ein klimatisierter Überlandbus entgegen. Um die wenigen größeren Dörfer herum führen Umgehungsstraßen. Am Abzweig nach Beni, weit im Norden, kontrolliert die Polizei. Als ich mich einreihe, steht plötzlich ein völlig zugedröhnter Typ am Lenker und will Zigaretten haben. Eine Wange ist dick ausgebeult. Er kaut Cocablätter.

No fumar. Ich habe nichts für ihn.

Er geht zu meinen Packtaschen und beginnt, an meiner Gepäckrolle zu suchen. Ich sage ihm, er soll verschwinden. Er murmelt etwas und untersucht den Hundefutter-Sack. Als ich absteige, schaut er einen Moment, überlegt vielleicht, ob er sich auf mich stürzen soll, dann dreht er ab. Ich gebe ihm die Wasserflasche, die ich am Lenker befestigt habe.

Nicht die einzige nervige Begegnung auf den letzten 400 Kilometern zu Normens Haus. Hinter einer kleinen Brücke, mit Leitplanken eingerahmt, wandert plötzlich ein junger Stier auf der Straße. Er stutzt, blickt zum Motorrad herüber, senkt den Kopf. Bremsen hilft jetzt nicht mehr, wenden könnte zu lange dauern. Ich fahre ganz dicht an der rechten Leitplanke, gebe Vollgas und bin zwei Sekunden später an ihm vorbei.

In der Dämmerung wird's noch einmal tierisch. Vor mir leuchtet ein LKW die Straße aus, die seit 100 Kilometern rechts und links eng von dunkelgrünen, fast schwarzen Bäumen begleitet wird. Plötzlich dröhnt die Hupe des Lasters, er bremst scharf, ich bin nun dicht hinter ihm. Dann sehe ich im Scheinwerferkegel eine pechschwarze Katze, etwa einen Meter hoch, die mit gestreckten Bewegungen rechts im dunklen Grün des Dschungels verschwindet. Dürfte einer der Panther gewesen sein, die hier in den Wäldern des bolivianischen Tieflandes gar nicht so selten sind. Ich bleibe die nächste halbe Stunde dicht hinter dem Lastwagen, bis kurz vor Robore die Lichter der ersten Häuser aus der mittlerweile pechschwarzen Nacht auftauchen.

An der Polizeikontrolle am Ortseingang gibt es noch kurzen Erklärungsbedarf. Wo ich mit dem deutschen Motorrad wohl hin will und ob in den Säcken wirklich Hundefutter ist? Die Papiere werden im Schein der Taschenlampe geprüft. Das Hundefutter? Aus Santa Cruz, nicht aus Alemania. Alles für die Doctora in Santiago.

Die Doctora, ah gut, Willkommen in Robore.

Bei Normen

Beyonce und Cherry warten schon am Hoftor auf den Besuch und das Motorrad aus Deutschland. Ich muss auf den zerfurchten Wegen durch die 1200-Einwohner-Gemeinde Santiago ein wenig suchen, ehe ich das zweigeschossige Haus mit den blau lackierten Dachpfannen erblicke. Die locker bebauten Grundstücke sind mit großen, schattenspendenden Bäumen bewachsen. Ich stelle den Motor aus. Tatsächlich angekommen!

Mein alter Kollege ist noch beruflich unterwegs. So zeigen mir Cher und die beiden Mädchen die Gegend. Cher ist mit ihrem alten Roller aus chinesischer Produktion, mit dem sie Patientenbesuche macht, flott unterwegs. Nach Landessitte ohne Helm. Die beiden Kinder wollen auf meiner Maschine mitfahren. Landessitte. Ich fahre vorsichtig über die unbefestigten Wege.

Am Aussichtspunkt klettern die Mädels gleich einige Meter einen Felsen hinauf. Machen sie immer, wenn sie hier vorbeikommen. Nichts für Helikoptereltern.

Schroffe Felsformationen und heiße Quellen gibt es in der Gegend. Bäche winden sich durch liebliche Felstäler. Vom Berg ist die Aussicht grandios. Ein dicht bewaldetes Tal dehnt sich Dutzende Kilometer weit. Es steht größtenteils unter Naturschutz. Dazwischen liegen ein paar Indiodörfer und Holzfällercamps. Dann kommen die Sümpfe, Bäume und Ströme des Amazonasbeckens.

Beyonce und Cherry sind mit der Natur vertraut, stromern unbekümmert durch das felsige, steile Gelände. Die Jaguare sind ja weit unten im Naturschutzgebiet, in dem die Holzfäller immer mit Gewehr unterwegs sind. Den Kindern merkt man an, dass sie am Rand der Zivilisation sehr naturverbunden aufwachsen.

Die bolivianische Regierung ist bei der Schulinfrastruktur weiter als beim Straßenbau. In der Schule lernt Beyonce drei Sprachen. Neben Spanisch und Englisch wird mindestens noch eine der Indiosprachen unterrichtet. Deutsch sprechen sie zu Hause. Die von den Jesuiten eingeführte instrumentale Musiktradition und der Chorgesang wird in der Schule ebenfalls gepflegt. Die kleine Cherry geht in den Kindergarten des Dorfes.

Santiago hat nur am Ortseingang bis zur ehemaligen Missionskirche ein Stück Teerstraße. Hier entstand schon vor 350 Jahren die älteste Jesuitenmission der Gegend, deren Teakholzbalken im Innern noch immer das Dach der kühlen, schattigen Hallenkirche tragen. Auf der anderen Seite des Marktplatzes steht noch eine viel kleinere protestantische Kirche.

Schwer vorstellbar, wie diese religiöse Tradition hier dreieinhalb Jahrhunderte fern der Bevölkerungszentren an den Küsten überlebt hat. Robore, die 25 Kilometer entfernte Provinzhauptstadt, liegt an der Nationalstraße 4. Erst vor einigen Jahren wurde die wichtigste Verbindung zwischen Bolivien und Brasilien geteert. Bis dahin brauchten Autos 15 Stunden für die 400 Kilometer nach Santa Cruz, erzählt Cher. Nur fünf bis sechs Stunden fährt der moderne Reisebus heute.

Das Leben am Rande des Dschungels hat seine Eigenarten. Die Infrastruktur ist dürftig. Um Müllentsorgung und anderes kümmert sich jeder selbst. Die Nachbarschaft verbrennt und vergräbt den Abfall auf dem Grundstück. Trinkwasser kommt über die städtische Versorgungsleitung aus einer Quelle in den Felsbergen. Ein Energieversorger hat Anfang dieses Jahrzehnts funktionierende Stromkästen vor jedes Haus gestellt. Die Kommunikationsnetze werden auf den neuesten Stand gebracht.

Eines der beiden Hotels des Ortes hat keine Fernsehgeräte in den geräumigen Zimmern. In dem anderen Haus überträgt ein Sportsender sogar das Bundesliga-Derby zwischen München und Borussia Dortmund live. Bei Normen steht keine Glotze im Wohnzimmer. Stattdessen genießen wir von der Dachterrasse den Sonnenuntergang über den Felsbergen. Jetzt im September ist das Klima angenehm warm, die Luftfeuchtigkeit gering. Die Mücken halten sich zurück.

Cher hat noch einen Patienten. Ein Holzfäller wird mit einem Pick-up gebracht. Ein Ast hat seinen Arm aufgerissen, die Wunde wird desinfiziert und verbunden. Patienten kommen zu jeder Tageszeit, eine typische Landarztpraxis. Die Doctora hat allerdings einen besonderen Ruf. Einige Patienten kommen aus den abgelegenen Siedlungen der Mennoniten und Quäker, fahren 300 Kilometer weit, um ihre Kinder hier behandeln zu lassen.

Ein alter Toyota-Geländewagen, Baujahr 1966, steht neben der Ténéré in Normens Garage. Er kann noch alles reparieren, allerdings sind Ersatzteile hier schlecht zu bekommen. Das Garagentor fehlt noch. Da kann Normen nichts machen. Der Lieferant ist im Verzug. Deshalb soll die Suzuki nicht dort stehen, sondern kommt in eine Ecke des Wohnzimmers.

Die Weiterreise nach Argentinien wäre jetzt wenig sinnvoll. In Feuerland herrscht Anfang September tiefster Winter. Die tapfere Suzuki bekommt ein paar Wochen Pause. In Deutschland warten einige Dinge auf Erledigung. 18.000 spannende Kilometer sind geschafft. 10.000 Kilometer sind noch geplant. In zwei Monaten geht's weiter Richtung Kap Horn.

»Wir passen gut auf dein Motorrad auf«, versprechen Cherry und Beyonce. Vielleicht setzen sie sich mal drauf. Klettern können sie ja ganz toll.

Neustart und schwerer Abschied

Über Felsstufen fließt der Bach in kleinen Wasserfällen in einen dichten Busch. Bunte Schmetterlinge schweben über dem Wasser. Ein romantisches Bild, das zum Baden einladen würde, wären da nicht die Mückenschwärme, die aus dem feuchten Uferschlamm heranfliegen.

Die Rückkehr aus dem spätherbstlichen Europa ins regnerische bolivianische Tiefland ist anstrengender als erwartet. Die Wanderung mit Normen und den Kindern zu verborgenen Plätzen im Dschungel zeigt, welche Strapazen mit solchen Ausflügen verbunden sind.

Vor acht Wochen habe ich das Motorrad bei Normen abgestellt. Nach 18.000 Kilometern Fahrt von Kanada aus durch die Rocky Mountains und Texas, durch Mittelamerika, Kolumbien, Ecuador, Peru und über die Anden ins Tiefland von Bolivien.

Nach ein paar Wochen in Europa bin ich nach Südamerika zurückgekehrt. Der Empfang im kleinen Dörfchen Santiago de las Chiapas ist wieder überaus herzlich. Meine 650er V-Strom steht ganz in der Ecke des Wohnzimmers. Cherry und Beyonce erzählen stolz, dass sie die ganze Zeit darauf aufgepasst haben. Aufgeregt zeigen sie ihr neuestes Spielzeug und machen Pläne, wo wir überall hinfahren sollen.

Normen ist mit einigen Ausbauten und seiner Dachterrasse gut vorangekommen. Im sanften Wind kann man dort oben den Sonnenuntergang über den Felsen am Dorfrand genießen.

Cher hat ein ausgefallenes Abendessen vorbereitet: Frisch gefangene Piranhas, die ein Angler an einem Nebenfluss des Rio Parana gefangen hat, mit Reis und Gemüse. Verfeinert mit den heimischen Kräutern und Gewürzen eine Köstlichkeit. Der Fisch schmeckt ähnlich wie Wels, hat aber viele Gräten.

Zur Familie gehört nun eine braune Kuh. Familientradition.

Der Vater von Cher ist vor Jahrzehnten aus Deutschland nach Bolivien ausgewandert. Am Fuße der Anden, 600 Kilometer von Santiago entfernt, betreibt er eine Hunderte Hektar große Rinderfarm. Jetzt besitzt seine Tochter schon mal die erste Kuh.

Zwei Tage nach meiner Rückkehr sorgt das Rindvieh für Hektik. Cher hat es am Straßenrand angepflockt, damit es dort grasen kann. Ein Jungbulle aus der Nachbarschaft hat der Kuh wohl in der Nacht »den Hof gemacht«. Jedenfalls ist sie morgens verschwunden, als Cher eigentlich mit dem Bus nach Santa Cruz fahren will, um neue Medikamente für ihre Arztpraxis zu holen.

Mit dem China-Roller und meiner Enduro machen sich Normen und Cher in der Morgendämmerung auf die Suche.

Schließlich finden sie das Tier am Dorfrand in Gesellschaft des Bullen. Das Tête-à-Tête wird beendet, die Kuh kommt hinter den Zaun. Cher ist optimistisch, dass in dieser Nacht die Grundlage zu ihrer eigenen Rinderherde gelegt wurde.

Für mich ist die Akklimatisierung viel schwieriger als die Ankunft vor drei Monaten. Nach der Fahrt von Kanada nach Bolivien kam ich hier einigermaßen fit an. Die bis zu 4700 Meter hohen Anden waren überstanden, die eisigen Winde des Hochlandes, die heißen Wüsten der peruanischen Küste.

Diesmal komme ich aus dem deutschen Herbst. Schon am Flughafen von Santa Cruz nahm mir die stickige Luft des bolivianischen Frühlings den Atem. Im Dschungel, 400 Kilometer östlich von Santa Cruz, am Rande des Amazonas-Beckens, ist die Luft noch feuchter, sind die Mückenschwärme viel größer und hungriger als vor drei Monaten. Ich kämpfe mit der abrupten Klima-Umstellung vom kühlen November Mitteleuropas in die heiß-feuchten Wälder des Regenwaldes. Nach zwei Tagen habe ich leichtes Fieber. Cher beruhigt mich: »Malaria ist hier kein Problem. Wir liegen ganz am Rande der Regenwald-Region, wo man damit rechnen muss.« Kein wirklicher Trost. Zu Goethes Zeiten vor 200 Jahren galt sogar das Rheintal noch als Malaria-Risikogebiet. Hier in Bolivien wird nicht jede Mücke wissen, wo genau die Grenze liegt.

Die »Doctora« gibt mir ein Medikament, das bald hilft. Das Fiebergefühl verschwindet. Normen zeigt mir das verwunschene, felsige Bachtal hinter dem holprigen Flugfeld von Santiago. Schöne Endurotour für die Ténéré und die V-Strom, denn geteert ist hinter dem Marktplatz von Santiago nichts mehr. Die Mädels fahren mit, beim langsamen Tempo einigermaßen geschützt durch die luftigen Fahrradhelme, die ich aus Deutschland mitgebracht habe. Die Einheimischen mit ihren

Mopeds winken uns fröhlich zu, ihre Baseball-Caps schützen höchstens vor der Sonne.

Am nächsten Tag schippen wir noch Schotter vor die Garageneinfahrt und räumen etwas auf dem Grundstück auf. Kein Schrebergarten-Vergnügen bei tropischen 37 Grad. Danach bekommen die Kinder, die fleißig mitgeholfen haben, ihr Eis.

Zwei saubere einfache Hotels, wenige Privatunterkünfte, ein kleiner Einkaufsladen, ein Kiosk, zwei Restaurants. Biergärten, dazu Chers Arztpraxis, zu der manche Patienten über Hunderte Kilometer anreisen, um sich behandeln zu lassen. Santiago hat für seine nur 1200 Einwohner und die erst wenige Jahre alte Teerstraße, die hier endet, eine erstaunlich gute Infrastruktur. Zu Gesundheitsstation, Bahnhof und Überland-Bushaltestelle in Robore sind es 25 Kilometer, zur brasilianischen Grenze mit Großmarkt, Flusshafen und der modern anmutenden Mittelstadt Corumba am Rio Parana sind es zweihundert Kilometer. Ansonsten gibt es weit und breit nur Rinderfarmen, Wald, Naturschutzgebiete und eine Militärkaserne.

Entlang der Felsenberge und Waldwege gäbe es noch vieles in der wenig berührten Landschaft zu entdecken. Platz für Enduro-Abenteuer ohne Ende, zu denen Normen seine Ténéré gerne anwerfen würde. Die Kinder möchten noch einige ihrer Lieblingsplätze zeigen, Cher kennt viele exotische Gerichte aus Wäldern und Strömen.

In den wenigen Tagen habe ich einige Menschen getroffen, die hier leben: Die amerikanische Familie, die auf einer abgelegenen Farm Kühe hält und vom Verkauf der Milch an die Dorfbewohner lebt, den wohlhabenden Bolivianer, der aus Kalifornien zurückgekommen ist und nun von seiner Rente ein schmuckes Haus gebaut hat. Der Mann, dessen Vater vor 50 Jahren aus Köln kam und der mit einem Helfer Solaranlagen auf den entlegenen Farmen installiert. Konkrete CO2-Vermeidung, damit werden Dieselpumpen ersetzt. So eine Anlage fördert täglich genug Wasser, um 500 Rinder zu tränken. Ob ich mal zu so einer Installation mitfahren möchte?

Kleine Geschichten, hübsche Orte, spannende Lebensläufe und interessante Einladungen tief im Dschungel Boliviens. Meine Reise ist lang und doch viel zu kurz.

Akklimatisiert und schweren Herzens mache ich mich auf den Weg ins 5000 Kilometer Luftlinie entfernte Ushuaia. Es ist kein leichter Abschied von Normen und seiner liebenswürdigen Familie. Dieses Mal nehme ich die Suzuki mit. Ob ich bald wieder vorbeikomme, wollen die Kinder wissen.

Ganz schwer zu beantworten. Ihr Papa hat sich einen ziemlich abgelegenen Bauplatz ausgesucht.

Ich werde in den nächsten zwei Monaten noch viel sehen: Einsame Landschaften, gewaltige schneebedeckte Berge, spannende Millionenstädte wie Buenos Aires, Montevideo und Santiago, sturmumtoste Buchten, liebliche Bergseen, Weiden, Wälder, Weingärten, Wasserfälle, Vulkane und mächtige Ströme. Einige Orte möchte ich noch einmal besuchen.

Venezuela und die Guayanas habe ich bei dieser Reise aus guten Gründen nicht »erfahren«. Es bliebe also noch einiges zu tun.

In drei oder vier Jahren möchte ich mich noch einmal auf den Weg machen. Dann wird der Schlenker durch das bolivianische Tiefland sicher eingeplant. Aber vielleicht sieht man sich schon viel früher, zum Beispiel auf der Dortmunder oder Leipziger Motorradmesse. Dann könnte Normen mal auf der Reisebühne über sein Leben zwischen Anden und Amazonas erzählen.

Sümpfe, Ströme, Wasserfälle

200 Kilometer durch Bolivien liegen noch vor mir. Durch triste Straßendörfer mit schlichten Häusern, vorbei an Abzweigen mit Feldwegen, die zu abgelegenen Siedlungen und Rinderfarmen führen. Zweimal kommt mir auf der parallel verlaufenden Bahnlinie ein langsamer Güterzug entgegen. Dann bin ich in Puerto Suarez. Der unansehnliche Industriehafen am Oberlauf des schiffbaren Río Paraguay ist Boliviens Tor zum Atlantik. Lastkähne schleppen die Güter vom Río de la Plata hinauf durch Paraguay bis an die Ostgrenze Boliviens.

Älter ist der Flusshafen im moderner wirkenden Corumbá, der brasilianischen Grenzstadt. Vor der Einreise nach Brasilien muss man sich und das Fahrzeug im Internet registrieren. Die entsprechende App gibt es auf der Seite der brasilianischen Regierung.

Hinter Corumbá beginnt das Pantanal, ein riesiges Sumpfgebiet, so groß wie Großbritannien. Im Nationalpark wird das Erbe des Urwaldes bewahrt. Kaimane, Zitteraale, Jaguare, Panther, Riesenotter und viele weitere Tier- und Pflanzenarten haben hier ihre Heimat. Eine Straße führt in das Schutzgebiet. Sobald man dessen Grenzen wieder verlässt, beginnt das Landschaftsbild, das die landwirtschaftlich genutzten Regionen von hier bis zum Rio de la Plata bestimmt.

Nach Angaben der Vereinten Nationen werden in Brasilien jedes Jahr 4200 Quadratkilometer Regenwald abgeholzt. Pro Tag sind das 1150 Hektar. Nur zum Vergleich: Das entspricht täglich etwa der sechsfachen Größe des Hambacher Forstes.

Richtung Süden sind die Regenwälder schon lange verschwunden. Die aktuellen Rodungen und ausgedehnten Waldbrände betreffen vor allem das Amazonasgebiet, das nördlich des Pantanal bis zu den Grenzen von Kolumbien und Venezuela reicht.

Im Pantanal begleiten wassergefüllte Gräben die Straße. An den schilfbewachsenen Ufern liegen Kaimane. Gleich dahinter beginnt das Weideland. Auf den Hügelkuppen stehen noch Bäume. Manche überschatten hübsche Bauernhöfe mit großen Wirtschaftsgebäuden. Hinter Campo Grande nach Süden werden aus den nassen Wiesen große Felder mit Getreide und Sojabohnen. In den Bergen vor den berühmten Iguazú-Wasserfällen sind die Äcker kleiner, werden unterbrochen von Wäldchen und bewirtschaftet von Bauernhöfen, die oft schon im 19. Jahrhundert entstanden.

Campo Grande ist eine dieser in Europa kaum bekannten Großstädte auf dem Weg zur Millionenmetropole, von denen es in Südamerika einige gibt. Rohstoffvorkommen in der Umgebung ziehen Arbeitskräfte vom Lande an. Die mechanisierte großflächige Landwirtschaft bringt Geld in diese Zentren. Banken, Hotels, Verwaltungsgebäude und von »Doormen« geschützte Apartment-Hochhäuser überragen die einfachen Viertel um das Zentrum herum. Auffällig ist, dass die Parkplätze in Campo Grande ohne bewaffnete Wächter auskommen. Auch weiter im Süden gibt es Biergärten und Restaurantterrassen, auf denen man Platz nehmen kann, ohne an einem Türsteher vorbei zu müssen. Nach den vielen Sicherheitskräften zwischen Mexiko und Peru wirkt Brasilien hier im fruchtbaren Süden wie ein südeuropäisches Land. Die gefährlichen Favelas in den Millionenstädten wie Rio, Bahia und Manaus scheinen weit weg. Die ärmlichen Viertel um die Innenstädte herum, mit flachen Beton- und Ziegelbauten und ungepflegten Hinterhöfen, gibt es allerdings überall an den Ausfallstraßen der rasch wachsenden Städte des Landes.

Wesentlich verschlafener als das dynamische Brasilien wirkt Paraguay. Die Grenzstadt Salto del Guairá ist zunächst eine Ansammlung von Reifenläden, Apotheken und billigen Einkaufszentren. Kontrolliert wird die Einreise nicht. Dahinter erstrecken sich hügeliges Bauernland, Getreidefelder, Rinderweiden. Nicht arm, nicht wirklich aufregend. Da hilft auch der schöne Ortsname »La Paloma Del Espiritu Santo« nicht. Von hier aus könnte ich nach Argentinien und dann relativ direkt bis Feuerland fahren. Für touristische Highlights ist das dünn besiedelte Paraguay nicht bekannt. Zeit, mal wieder einen kleinen Schlenker zu machen. Uruguay mit der Hauptstadt Montevideo und dem langen Ufer des Rio de la Plata klingt interessanter.

Als ich mit gefülltem Benzintank wieder nach Brasilien komme, wird nur in Stichproben nach Schmuggelware gesucht. Mein Motorrad erregt keinen Verdacht. So bleibt mein Umweg über Paraguay nicht mal im Reisepass dokumentiert.

Foz do Iguazú ist das Touristenzentrum am Dreiländereck von Argentinien, Paraguay und Brasilien. Nördlich der Stadt staut die Mauer des Itaipú-Sees den gewaltigen Rio Paraná. Die Turbinen waren zeitweise das leistungsstärkste Wasserkraftwerk der Welt und füllen heute noch die Staatskasse von Paraguay, denn das kleine Land mit seinen sieben Millionen Einwohnern benötigt den erzeugten Strom nur teilweise. Der Rest wird nach Brasilien exportiert.

Weiter südlich stürzt der Rio Iguazú über 80 Meter tief in eine halbkreisförmige Schlucht. Auf Holzplanken kann man zwischen den vielen kleinen Wasserläufen herumlaufen, bis nahe an den Abgrund. Die brasilianische Seite bietet einen sehr schönen Panoramablick auf das tosende Spektakel von Wassernebeln und weißer Gischt. Ein 2400 Quadratkilometer großer Nationalpark mit Regenwäldern, Jaguaren und vielen anderen wilden Tieren liegt beiderseits des Flusses auf brasilianischer und argentinischer Seite. Den Park muss ich in einem weiten Bogen umfahren, um an die Atlantikküste in Uruguay zu kommen.

Deutsche Wurzeln

Auf der Fahrt durchs ländliche Brasilien liest man in den südlichen Bundesstaaten immer wieder deutsch klingende Namen auf den Firmenschildern von Landmaschinenhändlern, Bauunternehmen und Bäckereien: Odental, Burger, Meier, Rungaldier. In Itapirangá weist am Anleger der Fähre über den Uruguay-Strom ein Schild zum »Oktoberfest« im Veranstaltungs- und Ausstellungszentrum der Stadt.

Auf Englisch spricht mich Maria an. Mit ihren langen blonden Haaren und dem hellen Teint hat sie wohl wenige Indio-Vorfahren. Als die Studentin erfährt, dass ich aus Deutschland bin, erzählt sie von ihrem Großvater. Der kam als Kind mit seinen Eltern aus Schwaben und sprach noch Deutsch. Sie kann das leider nicht mehr, nur ein paar Wörter. Mit deutlichem Akzent, aber vielen im Gedächtnis gebliebenen Vokabeln erzählt sie von ihrer Familie. Ihr Freund hat italienische Vorfahren.

In den klimatisch angenehmen, von riesigen Strömen durchzogenen Bundesstaaten Paraná, Santa Catarina und Rio Grande do Sul haben sich viele Deutsche, Österreicher und Südtiroler niedergelassen. Schon im 19. Jahrhundert kamen Mitteleuropäer in diese dünn besiedelte Region. Ihre handwerklichen und landwirtschaftlichen Kenntnisse, dazu fruchtbare Böden und wasserreiche Flüsse verhalfen ihnen schnell zu einem bescheidenen Wohlstand. Sie pflegen ihre Traditionen, obwohl die Sprache längst vergessen und vom Portugiesisch verdrängt wurde.

An der Küste der südlichen Bundesstaaten zwischen Porto Alegre und São Paulo entstanden im 20. Jahrhundert moderne Industrien. Davon profitiere ich, als sich mein zweiter Hinterreifen aus chinesischer Produktion in Santa Maria unvermittelt verabschiedet. Ein Taxi bringt mich zurück zu einer Honda-Vertragswerkstatt, an der ich kurz zuvor vorbeigekommen war. Der Sales-Manager ist sehr hilfsbereit, fährt mit seinem Pick-up zu der Tankstelle, an der meine platte Suzuki parkt. Er hat keine Auffahrbleche dabei, dafür steckt in der Mittelkonsole eine Machete. Man weiß ja nie. Mit Hilfe der Tankwarte hieven wir die Maschine auf den Pick-up.

In der Werkstatt stehen erstmals auf meinem Trip auch Tausender Supersport-Bikes neben meiner 650er. In Porto Alegre werden Metzeler- und Pirelli-Reifen gebaut. Die sind nicht billiger als in Deutschland.

Wie dem auch sei – der Bridgestone-Vorderradreifen hat nach 20.000 Kilometern kein nennenswertes Profil mehr, der Hinterreifen ist platt. Die V-Strom bekommt einen nagelneuen Satz Metzeler Roadtec. Sie werden die nächsten 10.000 Kilometer bis zum TÜV in Deutschland halten.

Die neuen Reifen habe ich keinen Tag zu früh aufgezogen. Im dünn besiedelten brasilianischen Grenzland sind die Straßen gut und leer. Es beginnt zu regnen. Erst leichter Niesel, dann Bindfäden. So bleibt das Wetter die nächsten 750 Kilometer, bis ich in den Außenbezirken von Montevideo ankomme. Auf den rutschigen Umleitungen an kilometerlangen Straßenbaustellen und in den Senken, in denen sich das Wasser sammelt, bin ich froh, auf frischem Profil zu rollen.

Die wenigen Orte unterwegs wirken bei dem Wetter fast verlassen. Uruguay ist mit 19 Einwohnern pro Quadratkilometer ähnlich dünn besiedelt wie Paraguay. Von den 3,4 Millionen Menschen leben 1,5 Millionen rund um die Hauptstadt Montevideo. Uruguay ist das einzige Land Amerikas, in dem die Indios komplett ausgestorben sind. Die Bevölkerung wächst langsamer als in den anderen südamerikanischen Ländern.

Seine Existenz verdankt der Staat eigentlich dem historischen Konflikt der südamerikanischen Großmächte Brasilien und Argentinien. Die spanischsprachige Region am Nordufer des Río de la Plata überlebte als Pufferstaat zur ehemaligen portugiesischen Kolonie Brasilien.

Passende Maschine

Die lange Regenfahrt durch die menschenleere Hügellandschaft Uruguays lässt genügend Zeit für ein kleines Fazit der bisherigen Tour.

Die V-Strom hat sich bewährt. Für die Reise wollte ich kein zu teures und zu neues Modell nehmen. Bekannte aus Houston in Texas hatten mir die traurige Geschichte eines Nachbarn erzählt. Der Mann aus einem Wohnviertel mit den größeren und golfplatznahen Baugrundstücken hatte sich mit einem besonders eleganten, exklusiven Pferdeanhänger auf den Weg zu einem Pferdehändler nach Mexiko gemacht. Dort kam er nicht an. In der mexikanischen Wüste wurde der wertvolle Anhänger geraubt und der Texaner getötet. Es gibt weitere Geschichten wie die von den Fahrradtouristen, die in Chiapas, im Süden von Mexiko, erschossen aufgefunden wurden.

Also den Sombrero flach halten. Die meisten Einheimischen sind mit 100 bis 200 Kubik unterwegs. Ich wollte schon etwas schneller sein, aber nicht mit einer 1200er durch Barrios und Berge pirschen. Zuverlässiges Mittelmaß sollte die gesunde Wahl sein.

Geländegängig ist ein wichtiges Stichwort. Wege zu Sehenswürdigkeiten, kilometerlange Umleitungen an Baustellen oder die Kraterlandschaften der unbefestigten Nebenstraßen in den Städten und Dörfern lassen kaum eine andere Wahl, als eine Enduro statt einer klassischen Tourenmaschine zu nehmen.

Die schwer bepackte 650er begnügte sich mit 4,6 Litern Benzin auf 100 Kilometern. 20 Liter im Tank reichen für 450 Kilometer. Bei schonendem Fahrstil sind auch 540 Kilometer möglich. Das Display zeigt sehr genau an.

Das 19-Zoll-Vorderrad führt gut auf losem Untergrund und hat die vielen Stöße durch Bodenwellen, Schlaglöcher und Steine schadlos überstanden.

Die Sitzbank ist bequem genug für Etappen von sechs bis acht Stunden.

Ein Hauptständer hätte nachgerüstet werden können. Ich habe auf das zusätzliche Gewicht verzichtet und ihn nicht vermisst.

Der Zweizylinder-Motor kam problemlos und mit wenig Leistungsverlust mit der Höhenluft in den Anden zurecht und auch mit dem schlechten Sprit, der in Bolivien mit maximal 88 Oktan an Ausländer verkauft wird.

Den originalen Kunststoff-Motorschutz der XT-Version habe ich durch einen stabilen Metallrahmen ersetzt, was sich als notwendig erwies. Die eckigen Alukoffer von SW-Motech mit den rustikalen Befestigungen geben im Verkehrschaos der Städte etwas Sicherheit, dass einem nicht in die Hacken gefahren wird.

Das Leergewicht von 213 Kilogramm bietet gerade bei einer Alleinfahrt klare Vorteile, weil man das Bike besser bewegen und notfalls allein wieder auf die Räder stellen kann. Die Zuladung von 202 Kilo hebt die Zweizylinder aus der Konkurrenz heraus, nicht unwichtig bei fünf Monaten Reisezeit. Zusätzliches Bordwerkzeug, Bekleidung für drei bis 43 Grad, Waschzeug, Kamera, Computer, eine Notration an Wasser und fester Nahrung, Helm, Stiefel, Öl, Kettenspray. Es kommt was zusammen.

Auf's Zelt habe ich verzichtet. Mit Schlafsack etc. hätte die Campingausrüstung Platz und Gewicht gebraucht. Einen sicheren Stellplatz hat man dann noch lange nicht. Irgendwo in den Millionenstädten zwischen Monterrey und La Paz möchte man nicht wirklich stehen. Und die stinkenden, vermüllten Streifen entlang der Hauptrouten Lateinamerikas oder die Klapperschlangen-Paradiese in den Wüsten Colorados sind ebenfalls keine einladenden Zeltplätze. Mit Einheimischen Kontakt aufnehmen, die einem (vielleicht) einen sicheren Stellplatz zeigen, erfordert Zeit und sollte noch bei Tageslicht erfolgen.

Der Traum vom idyllischen Plätzchen am Wasserfall, wo ein munteres und vor allem sauberes Bächlein plätschert, kann schnell zum naiven Albtraum werden.

Dann lieber ein Hostal oder Hotel buchen. Zwischen drei und 130 Dollar war auf der Tour alles dabei. Eisig kalt bei Null Grad mit zugigen Fenstern am Stadtrand von La Paz, schön klimatisiert am Sandstrand von Hopkins Beach in Belize. Meistens mit eigener Dusche und WC und einem sicheren, bewachten Stellplatz fürs Motorrad.

Die Übernachtungen lassen sich nicht vorplanen. An den kleinen, schlecht organisierten Grenzübergängen in Mittelamerika ist mit verwirrenden Formalitäten und verschwundenen Grenzern schnell mal ein halber Tag dahin. Umleitungen,

Baustellen, Militärkontrollen. Da hilft kein Navi. Und die Dunkelheit kommt in den Tropen schnell.

Also guckt man sich morgens an, wo man irgendwann im Hellen ankommen sollte. Klappt meistens, doch Nachtfahrten kommen immer mal wieder vor. Ein zu spät gesehenes Schlagloch, ein herausgenommener Kanaldeckel, Trucker mit der Backe voll Koka-Blättern oder ein unternehmungslustiger Jungbulle können dann das Ende des Amerika-Abenteuers bedeuten.

Tea Time

In den großzügigen Straßen Montevideos sind am Samstag viele Menschen unterwegs. Die Atmosphäre im gepflegten Teil der Stadt erinnert an einen Buñuel-Film aus den siebziger Jahren. Ältere Paare haben sich elegant gekleidet und sitzen bei Kaffee und Kuchen. Schmiedeeiserne Zäune umschließen die Vorgärten der Häuser mit verblichenem weißen Putz. An einem kleinen Platz in der Fußgängerzone spielt neben einem Café ein Trio mit Violinen und Gitarre Tango-Musik. Ein paar ältere Herren beherrschen die Schritte besonders gut und schwungvoll. Sie fordern immer wieder viel jüngere Frauen auf, die sich von ihrer Begleitung lösen und ein oder zwei Tänze mitmachen, ehe man sich höflich mit Dankesbekundungen und tiefer Verbeugung des Herrn wieder trennt.

Die Altstadt zum Hafen hinunter wirkt weniger gepflegt. Rund um das imposante Gebäude der Zentralbank verfallen viele Häuser. In einer alten Halle sind Restaurants und Marktstände für ein mehr touristisches Publikum eingerichtet. Nicht weit daneben liegen die Hochseeschiffe, die hier noch mitten in der Stadt ankommen.

Unterwegs begegnen einem viele Passanten mit Thermoskanne und Teebechern in der Hand. Uruguay hat früher als andere Länder schon 2013 den Verkauf von Cannabis in Apotheken gestattet. Jetzt flanieren viele Einwohner mit Teebechern in der Hand durch die Stadt und gießen sich und anderen, die danach fragen, heißes Wasser aus der Thermoskanne nach. Das anregende Gebräu wird durch den Stiel eines Metall-Löffels getrunken, mit dessen platter Unterseits die Blätter der Kräuter zerdrückt werden.

Die Mischung in den Bechern bekommt nicht jedem gut. Als Tourist wird man in den Altstadtgassen schon mal von völlig bedröhnten Drogensüchtigen angesprochen. Man soll dafür zahlen, dass man in ihrem »Barrio«, ihrer Gegend, auf der Straße unterwegs ist. Kein Deal, das Geld für frischen Tee müssen sie sich woanders besorgen.

Schnelle Helfer

Auf dem Weg zum Fährhafen von Colón überholen mich zwei schnelle FJ 1200. Hier, rund um die Millionenstädte am Río de la Plata, ist keine Enduro nötig. Am Terminal treffe ich Jaime und Paolo. Der eine ist Sanitär-Handwerker mit deutschen Großeltern, Jaime war Lehrer. Sie helfen mir bei den etwas umständlichen Formalitäten auf dem Weg zur Fähre. Das Wochenende haben sie in Punta del Este verbracht, dem uruguayischen Bade- und Ausflugsort mit Beachclubs und Partyabenden. Jetzt sind sie leicht angeschlagen und freuen sich auf Zuhause.

Draußen vor der Fähre wächst die imposante Skyline von Buenos Aires, die man schon vom anderen Ufer im Dunst über dem Meer sehen konnte. Bei der Einreise nach Argentinien helfen meine beiden Begleiter beim Zoll. Die Prozedur ist so in zehn Minuten erledigt.

Anschließend zeigt mir Jaime noch ein Hotel im hippen Viertel Retiro, wo er wohnt. Ein Kunstmarkt, zu Restaurants umgebaute Fabrikhallen und Häuser mit prächtigen Fassaden zieren den Stadtteil. Bis spät in die Nacht flanieren Jung und Alt zwischen Cafés, Craft-Beer-Lokalen und Weinstuben. Am Nordrand von Retiro liegen das Villenviertel und der Friedhof von La Recoleta mit seinen berühmten Mausoleen, wo viele berühmte Argentinier ihre letzte Ruhe fanden, darunter auch Evita Perón.

Das wohlhabende Zentrum von Buenos Aires erinnert mit seinen Hafenanlagen, kleinen Läden, breiten Boulevards und quirligen Gassen auch bei Tage an Barcelona. 15 Millionen Menschen leben in der Metropole am Rio de la Plata, mehr als ein Drittel der 42 Millionen Argentinier.

Nach Jahrzehnten wirtschaftlichen Niedergangs, blutiger Militärdiktatur, korrupter Regierungen und einem Staatsbankrott geht es längst nicht allen Bewohnern so gut wie der Oberschicht im Zentrum der Hauptstadt. Dabei war Argentinien nach dem zweiten Weltkrieg eines der reichsten Länder der Welt. Getreide und Fleisch aus den Weiten des Landes versorgten das ausgehungerte Europa.

Spuren aus dieser Zeit begegnen mir auf dem weiteren Weg zur Magellanstraße immer wieder. Das Land hat mit Gas- und Erdölvorkommen, der ergiebigen Agrarwirtschaft und den vielen touristisch attraktiven Gegenden zwischen Anden und Atlantik eigentlich mehr als genug Potential, um an vergangenen Wohlstand anzuknüpfen.

Von Buenos Aires ans Ende der Welt

Dichter Verkehr wälzt sich morgens über die breiten Boulevards von Buenos Aires. Mit den breiten Alukoffern habe ich nur selten die Chance, mich zwischen den sechsspurig fahrenden Autokolonnen durchzumogeln. Rechts und links flitzen 300er Vespas und 600er Hondas vorbei, manchmal eine große GS oder eine 1000er Kawasaki. Wirklich schnell – und mutig. Dann ein Knall. Der Fahrer des schwarzen Rollers, der mit Helm und im Jacket gerade noch doppelt so schnell an mir vorbeizog, hat die Lücke überschätzt. Er schleudert zwischen den Autokolonnen, kann mit viel Mühe einen Sturz vermeiden. Das Auto mit dem verbeulten hinteren Kotflügel und der Roller biegen in die nächste Seitenstraße. Die Schuldfrage scheint klar, der Ton bleibt gemäßigt. Beide Fahrer werden an diesem Tag wohl zu spät zur Arbeit kommen.

Zum Stadtrand hin werden die Straßen schmaler, die Häuser kleiner und manchmal schäbiger. Auf der Autobahn zur Universität stehen lange Staus vor den Mautstellen. In den Ländern nördlich von Argentinien dürfen Zweiräder auf schmalen Spuren ganz am rechten Fahrbahnrand gratis an den Zahlschranken vorbei. Mit den Alukoffern hat die Suzuki zwischen den Pfosten und Ölfässern überall so gerade hindurchgepasst. Hier muss ich anstehen und ein paar argentinische Pesos aus den Jackentaschen fischen. Nicht teuer, aber lästig.

Bald bin ich in der Pampa. Ein paar Kleinstädte mit breiten Straßen und staubigen Pick-ups kommen noch, die Distanzen zwischen den Orten wachsen. Der dichte Verkehr ist vorbei. Die Nationalstraße 3 schrumpft auf Landstraßen-Maß. Getreidesilos wie in der nordamerikanischen Prärie überragen die flachen Felder.

»Ushuaia 2940 Kilometer« steht auf dem Wegweiser am Straßenrand.

Es werden noch ein paar Kilometer mehr. Sightseeing, Stationen in der Pampa, in den sturmgepeitschten Hafenstädten am Südatlantik, in der kargen Steppe Patagoniens und den eisigen Bergen von Feuerland.

Viel häufiger als die Wegweiser zur südlichsten Stadt der Welt stehen an den Straßen Argentiniens Hinweisschilder auf die »Malvinas«. Die von den Briten »Falkland« genannte Inselgruppe liegt 500 Kilometer vor der Südküste im stürmischen Südatlantik. Keine 2000 Menschen, viele Nachfahren britischer Schaf-Farmer, leben dort. 1981 hatte die argentinische Militärjunta das felsige Archipel besetzen lassen. Ein paar Monate später waren mehr argentinische Soldaten tot als die »Malvinas« Einwohner haben und die Inseln gehören seitdem wieder zum britischen Empire.

Mit unzähligen Hinweistafeln hält Argentinien Anspruch und Erinnerung an die Malvinas wach. Etwas unverständlich. Argentinien ist abseits des Rio de la Plata ein ziemlich menschenleeres Land mit dünner Infrastruktur und tristen Orten, aus denen die Menschen in die größeren Städte ziehen. Es gäbe Wichtigeres zu tun als davon zu träumen, sich gewaltsam weitere 1500 unwillige Untertanen und einige Tausend Quadratkilometer karge Felsen zuzulegen.

Land satt

Bahia Blanca hat schon bessere Zeiten gesehen. Jugendstil-Gebäude und die alte Handelsbörse könnten eine Renovierung vertragen. Das Hotel neben dem Plaza Rivadavia hat auch schon bessere Zeiten gesehen. Der Aufzug mit dem schmiedeeisernen Gitter stammt aus den dreißiger Jahren, die Zimmerausstattung wirkt unwesentlich jünger.

Die besseren Hotels, die um die 50 bis 60 Euro kosten, sind ausgebucht.

Zum Abendessen gibt es eine Empfehlung: El Mundo de la Parrilla. Die Welt des Grillfleisches. Parrilla-Restaurants servieren bis hinunter zur Magellanstraße traditionelle Gaucho-Küche mit Bergen von Fleisch, das über offenem Feuer gegrillt wird. Hört sich verlockend an.

Das klassische argentinische Restaurant liegt unscheinbar in einem kleinen Haus am Rande der Altstadt. Erst um neun ist es richtig voll. Die Grillplatte nach Art des Hauses steht ganz oben bei den Essenswünschen. Ein Stück Lammkeule, Schweinenacken, Rindersteak und Rippchen. Gegrillte Würste, Geflügel, auch etwas Meeresfisch. Dazu erstaunliche Mengen Papas Fritas, Pommes, mit Salat oder Gemüse. Der Chef des Hauses nimmt die Bestellung auf. Seine Kellner flitzen mit den großen Essensplatten zwischen eng stehenden Holztischen herum. Mit gutem argentinischem Wein, weiß oder rot, die 0,75-Flasche für 7 Euro, wird das Menü genüsslich – und begleitet von vielen Worten – in ein bis zwei Stunden heruntergespült.

Obwohl die Ruta 3 ab jetzt bis Feuerland mehr oder weniger nah an der Küste entlangführt, dominiert die Küche der Pampa die Speisekarten der Restaurants entlang der Hafenorte. In Patagonien und in den Anden wird das gegrillte Fleisch von Weidetieren um Wild ergänzt. Guanacos, eine Lama-Art und groß wie Hirsche, sind entlang der einsamen Straßen für Verkehrsteilnehmer eine ständige Gefahr. Auf dem Grill bereichern sie mit Wildschweinkeule, Hasenragout und Rehrücken die Parrilla-Auswahl. Meeresfrüchte stehen eher selten auf der Karte, oder man muss gezielt nach Fischrestaurants suchen, die es in einigen Städten auch gibt.

Noch satt vom Parilla-Abend und mit vollem Tank mache ich mich auf eine der längeren Tagesetappen meiner Reise. Zunächst geht es über die Nationalstraße 22 nach Westen. Die Dörfer werden schon seltener, die Vegetation karger. Ein totes Wildschwein liegt am Straßenrand.

Bei La Adela am Rio Colorado verlasse ich die Pampa-Provinz. Drei ältere Tankstellen liegen am Fluss. Ich habe noch reichlich Sprit, nehme vorsichtshalber ein paar Liter nach und fahre in die Weiten Patagoniens. Der heftige Wind wird stärker. Frontal fällt das gar nicht so auf. Als ich auf die 251 abbiege, überholt mich ein Nissan-SUV. 190 Kilometer geht es nun direkt nach Süden. 150 Stundenkilometer fährt der Nissan. Ich bleibe einige Zeit in seinem Windschatten. Völlig menschenleer scheint die Steppenlandschaft. Alle 30, 40 Kilometer weisen ein Schild und ein Feldweg zu einer einsamen Estancia irgendwo im Nirgendwo. Ein paar Rinder oder Schafe streunen gelegentlich über die flachen Hügel. Einmal reitet ein Gaucho auf einem zierlichen schwarzen Pferd mit dunkelrotem Zaumzeug hinter dem Zaun neben der Straße her, mit Gewehr im Halfter und sechs Hunden im Gefolge.

Der Wind kommt die ganze Zeit von der Seite, von den Anden herab aus Westen. Ich halte das Motorrad schräg wie in einer leichten Kurve.

Nach einer halben Stunde lasse ich den SUV ziehen. Die Tankstelle in Conesa habe ich passiert ohne nachzutanken. Zurück auf der Ruta 3 soll es ausreichend Tankmöglichkeiten geben. Als ich mit 60 Kilometern Tankreserve die Servicestation am Abzweig zur Nationalstraße 23 erreiche, steht dort ein Auto. Ein Bauhandwerker arbeitet im Verkaufsraum. An der

Tür hängt ein Schild – »No Gasolina«. Offensichtlich wird renoviert.

Ich könnte vierzig Kilometer zurückfahren, nach San Antonio. 100 Kilometer voraus liegt Sierra Grande. Und bis Ushuaia sind es immer noch 2000 Kilometer. Also noch eine lange Strecke durch die Eintönigkeit Patagoniens. Von dort muss ich noch 3000 Kilometer weiter zum Hafen von Valparaiso. Mit Tempo 70 im sechsten Gang fahre ich weiter. Manchmal hänge ich mich kurz hinter eines der wenigen Autos, die hier noch unterwegs sind. Einmal fährt ein einheimischer Mopedfahrer neben mir, fragt, ob er mir helfen kann. Ich zeige auf den Tank, aber halte den Daumen hoch.

Irgendwann bin ich nur noch mit Tempo 50 unterwegs. Ein langer Anstieg, die Reichweitenanzeige springt nach 90 Kilometern auf Null. Oben angekommen sehe ich die Schilder von Repsol-YPF. Geschafft! 20 Liter Sprit fließen in den Tank. Auf einen Reservebehälter habe ich während der ganzen Strecke verzichtet. Eigentlich ist das Tankstellennetz so dicht, dass man spätestens nach 300 Kilometern tanken kann. Und wenn die Suzuki nicht getrieben wird, begnügt sie sich mit 4,3 Litern auf 100 Kilometern. Mit Gegenwind und dem hohen Tempo hinter dem SUV ging die Kalkulation an diesem Tag beinahe nicht auf. Im absoluten Schongang verbraucht die 650er nur 3,5 Liter, was mich auf den letzten 100 Kilometern gerettet hat. In Zukunft wird jenseits der Pampa mit stillgelegten Tankstellen kalkuliert.

Nach dem Nervenkitzel mache ich eine kleine Pause. Die modernen Repsol-YPF-Tankstellen in Argentinien haben alle freies WLAN und einen Imbissraum. Eine graue R 80 G/S mit 34-Liter-Tank fährt vor. Kennzeichen aus der Steiermark. Die 80er-Jahre-Enduro gehört Gerhard, einem pensionierten Lehrer aus Bad Aussee. Bis ins neue Jahr hinein will er durch Argentinien und Chile kurven. Ganz so sparsam wie der Suzi-Einspritzer ist der betagte Boxer nicht. Der 34-Liter-Tank gibt in diesen Regionen ein beruhigendes Gefühl. Auf eine gemeinsame Reiseroute können wir uns nicht einigen. Der Steiermarker will hinauf in die Anden zum Kraxeln, ich zum Ende der Welt – Fin del Mundo, wie es auf dem Denkmal in Ushuaia steht. Also fährt er in den Wind, ich zum staubigen Hafen von Puerto Madryn.

Die Strandpromenade ist ganz nett, ein gutes Fischrestaurant mit Blick auf die wolkenverhangene Bucht lädt zu Meeresfrüchten ein. Vor der Küste liegen, wie in den meisten Hafenstädten im Süden Argentiniens, Öltanker und Erzfrachter. Die Bewohner in den endlosen Weiten Patagoniens leben nicht mehr alle von Rindern und Schafen, die Bodenschätze bringen mehr Geld.

Öl wird auch vor der Küste gefördert. Der Schatz unter dem Meer ist der Hauptgrund für den Streit mit Großbritannien. Die Falklandinseln sind nämlich nicht wegen der 1500 Einwohner und der kargen Schafweiden interessant, sondern wegen des Erdöls, das unter dem Südatlantik vermutet wird.

In Puerto Madryn liegt zwischen der Ruta 3 und dem Stadtrand eine riesige offene Erz-Grube, aus der der kühle Südwestwind, der Pampero, Staubschwaden durch die Gassen aufs Meer hinaustreibt. Drumherum ist die Natur menschenleer. Von den 80.000 Einwohnern des fast 13.000 Quadratkilometer großen Departamento Biedma in der Provinz Chubut wohnen 99 Prozent in Puerto Madryn.

Nahezu ein Viertel der Fläche des Departamento nimmt die fast unbewohnte Halbinsel Valdés ein, die wegen ihrer intakten Tierwelt mit Pinguinen, Walen, Nandus und Guanacos als Naturreservat auf der Weltkulturerbe-Liste der UNESCO steht. Von Madryn aus starten Touristenboote zu den Naturschönheiten. Ein abwechslungsreicher Tagesausflug nach den vielen Kilometern im Sattel. Ganz so unbeschwert wie gedacht ist das Leben im Naturreservat allerdings doch nicht. Zahlreiche Pinguine retten sich hastig ans Ufer, als zwischen den Felsen die dunklen Flossen einer Orka-Gruppe auftauchen.

Bodenschätze sorgen auch für die rasche Entwicklung von Comodoro Rivadavia. Die Stadt ist mit fast 200.000 Einwohnern die größte Stadt Patagoniens. In einem Vorort steht das nationale Petroleum-Museum Argentiniens. Eine Erdgasleitung verbindet die Region mit der Hauptstadt Buenos Aires.

Es ist später Nachmittag. Tankstellen gibt es reichlich, aber nichts in der hektischen Industriestadt lädt wirklich ein zum Übernachten. Bis nach Caleta Olivia, der nächsten Stadt, sind es nur 80 Kilometer, für patagonische Entfernungen fast direkte Nachbarschaft. Also schwinge ich mich noch einmal auf die Sitzbank.

Es wird empfindlich kalt. Seit Colorado, wo ich bei 42 Grad im Schatten 2200 Meter hoch in den Rocky Mountains geschwitzt habe, ist es das erste Mal, dass ich nicht mehr in Jeans fahre. Die warme Held-Hose lag inzwischen ganz unten im Alu-Koffer. Ab jetzt werde ich sie durch den kühlen Frühling Patagoniens tragen und erst im Schatten des Vulkans von Villarrica wieder einpacken.

Hinter der Stadt führt die Ruta 3 mehr als 50 Kilometer direkt am Meer entlang. Es wird empfindlich kalt. Am endlosen Badestrand von La Escondida rauschen die Wellen. Nicht einmal ein Delphin oder Pinguin lässt sich hier blicken. Ende November, vergleichbar mit dem Mai auf der Nordhalbkugel, habe ich eigentlich etwas milderes Wetter erwartet. Aber hier ragt

Südamerika schon näher an die Antarktis heran als jede andere bewohnte Landmasse auf der Erde.

Warum Menschen im kargen Niemandsland um Caleta Olivia gesiedelt haben, zeigt das Denkmal auf der zentralen Kreuzung. Ein Arbeiter dreht einen Ölhahn auf. 1947 lebten hier keine 200 Menschen, dann sorgten Ölfunde für das Wachstum auf fast 40.000 Einwohner. Ein Touristenmagnet wird der Ort dadurch nicht. Ein verlassener Militärposten am Kiesstrand, niedrige Häuser entlang staubiger Straßen. Viel Zeit für einen Stadtrundgang nehme ich mir an diesem Abend, entgegen meiner sonstigen Gewohnheit, nicht.

Zum ersten Mal habe ich auf meiner nun schon viermonatigen Reise so etwas wie Gesundheitsprobleme. Jeder Atemzug schmerzt im Rücken und in der unteren Lungenhälfte. Auf dem Motorrad habe ich das zwar den Tag über gemerkt, aber eine immer schonendere Haltung eingenommen. Zum Abendessen nehme zum ersten Mal Schmerztabletten. Die meisten meiner nach Südamerika mitgebrachten Medikamente sind bei Cher und Norman geblieben. Malariamittel, fiebersenkende Tabletten, Verbandszeug, Desinfektionsmittel und Antibiotika habe ich auf dem längeren Teil der Strecke nicht gebraucht. Die Patienten im bolivianischen Dschungel können mehr damit anfangen. Apotheken gibt es in Argentinien, Brasilien und Chile genug und heftigere Schmerzmittel, die man bei uns in Deutschland nur auf Rezept bekommt, kann man frei kaufen.

Im Liegen ist an Schlaf nicht zu denken. Meine Laien-Diagnose lautet: Verdacht auf Rippenfell-Entzündung. Die Symptome passen. 1300 Kilometer vor dem Ziel meiner Tour. Kleiner Vorteil: Man kann das nicht wirklich behandeln. Nur versuchen, möglichst tief durchzuatmen. Und wenn es eine richtige

Lungenentzündung ist? Dann müsste ich tatsächlich zunächst mal abbrechen.

In Australien, tief im Busch am Golf von Carpentaria, habe ich mal vor Jahren – noch im Prä-Internet-Zeitalter – in einer Gesundheitsstation meinen maladen Knöchel behandeln lassen wollen. Die Krankenschwester telefonierte mit einem Arzt in Cairns. Der hatte keine Mühe, anhand ihrer Schilderung eine Diagnose samt Empfehlung starker entzündungshemmender Mittel auszusprechen. Nur weiterfahren sollte ich mit Knöchel und Medikamenten nicht mehr. Nun käme aber genau das drei Tagesetappen vor dem Ziel nicht in Frage. Ich will zum Fin del Mundo! Mit oder ohne Rippenfell, aber auf jeden Fall auf dem Motorrad.

Morgens um drei Uhr chatte ich mit meiner Tochter Helen, die an einem Krankenhaus in München arbeitet. Ferndiagnosen sind nicht gerade die Lieblingsdisziplin europäischer Ärzte. Mein Dank gilt daher den Medizinern, die sich an diesem herbstlichen Vormittag im schönen Bayern Zeit für die Erörterung meiner 15.000 Kilometer weit entfernten Atem- und Rückenprobleme nahmen.

Ich soll was gegen Schmerzen und Entzündung tun. Mit Ibuprofen 600 und einem Breitbandantibiotikum aus der örtlichen Apotheke mache ich mich am Morgen auf den Weg nach Rio Gallegos. Eigentlich wollte ich die 700 Kilometer in zwei Etappen fahren und noch einen Abstecher an die Küste nach Puerto Santa Cruz machen, um den Nationalpark von Monte Leon zu besuchen.

Große Konzentration erfordert die siebenstündige Fahrt nicht. Nur wenige Lastwagen und Pick-ups sind hier, tief im Süden, auf der wichtigsten argentinischen Nationalstraße unterwegs. Vorsichtshalber tanke ich entgegen meiner sonstigen

Gewohnheit schon in Tres Cerros und San Julian. Von dort schaffe ich die restlichen 360 Kilometer bis Rio Gallegos bequem in dreieinhalb Stunden.

Nicht alle Fahrer kommen an diesem grauen Novembertag so gut durch. Hinter einer langgezogenen Kurve senkt sich die Straße in die Flussniederung des Río Coig ab. Ein flacher See mit vielen Wasservögeln liegt beiderseits der Straße. Kurz bevor es aus dem Flusstal wieder hinaufgeht, liegt ein Sattelschlepper auf der Seite. Über einen Meter steckt er im schlammigen Wasser. Der Fahrer ist schon herausgeklettert und redet mit Leuten in einem Wagen, der wohl schon angehalten hat. Ich frage, ob ich helfen kann, aber alles ist soweit in Ordnung, die Polizei unterwegs. Verletzt ist niemand. Zwanzig Kilometern weiter kommt mir ein Polizeiwagen aus Rio Gallegos mit hoher Geschwindigkeit entgegen.

Im modernen und komfortablen Hotel Patagonia finde ich in dieser Nacht doch etwas Schlaf. Noch 580 Kilometer sind es bis Ushuaia. Also gut sechs Stunden reine Fahrzeit. Allerdings muss ich zweimal die Grenze zwischen Argentinien und Chile passieren und die Fähre über die Magellanstraße nehmen. Es gibt keine Straße oder Fähre von Patagonien aus in den argentinischen Teil von Feuerland. Am späten Vormittag fühle ich mich fit genug, um die letzte Etappe der Tour von Kanada an die Südspitze Amerikas in Angriff zu nehmen. Schmerzmittel packe ich auf Vorrat ein. Das Antibiotikum reicht noch ein paar Tage.

Für Ushuaia buche ich vorsichtshalber ein komfortableres Hotel vor. Oberhalb der Stadt, mit Schwimmbad. Bevor ich mich über die Ruta 40 zurück auf den Weg nach Norden mache, will ich mich auskurieren.

Die Grenzformalitäten zwischen Argentinien und Chile laufen schnell und routiniert ab. Fünfmal erwartet mich die gleiche Prozedur, wobei einige Übergänge wirklich idyllisch gelegen sind. Erst die Passkontrolle, dann im gleichen Gebäude die Zollabfertigung. Das Personal ist mal desinteressiert, mal freundlich. Die Argentinier achten auf die Fahrgestell-Nummer, die Chilenen vor allem darauf, ob man frische Nahrungsmittel wie Obst oder Fleisch aus dem Nachbarland mitbringt. Zwischen den Posten der beiden Länder liegen einige Kilometer, meistens verbunden durch eine schlecht gewartete Piste.

Besonders groß ist die Liebe zwischen den beiden spanischsprachigen Nachbarländern nicht. Jahrzehntelang stand man am Rande eines Krieges. Beide Länder beanspruchten drei unwirtliche Inseln südlich von Feuerland. Nach der spanischen Grenzziehung zu Kolonialzeiten gehörte das Land am Atlantik zu Argentinien. Chile bekam die Pazifik-Küste. In der Mitte trennte der Anden-Kamm die Länder. Bei den Inseln ganz an der Südspitze Amerikas war die Meeres-Zugehörigkeit unklar. Schließlich ließen die Nachbarländer in einer besonnenen Stunde die Waffen schweigen und einigten sich auf den Papst als Schlichter. Im Vatikan studierte man die Landkarten und entschied, dass die Inseln noch im Pazifik liegen. So bleiben sie bei Chile.

Inzwischen ist die 5000 Kilometer lange Grenze zwischen den Staaten festgelegt – bis auf ein Gebiet im großen Eisfeld, einer unzugänglichen, eingefrorenen Gebirgsregion nördlich der Torres del Paine. Mal abwarten, ob die Erderwärmung irgendwann den Grenzkonflikt zwischen den beiden Nachbarn tief im Süden wieder anheizt.

Südlicher Motorradtreff

An der Magellanstraße staut sich der Verkehr. Die Fähre liegt in Sichtweite am anderen Ufer der Meerenge. Ein großer

Frachter nimmt die Abkürzung durch die Passage und vermeidet auf dem Weg in den Atlantik das stürmische Kap Horn.

Am Fähranleger pfeift der Wind. Ein Dutzend Motorräder steht in einer eigenen Fahrspur neben einer Handvoll Autos. Zeit für einen heißen Kaffee und Benzingespräche. Ein Pärchen aus Minneapolis ist mit zwei BMWs, einer 1200er GS und einer F 650 unterwegs. Mit Hund im Körbchen auf dem Gepäckträger. Von Panama nach Kolumbien haben sie es auf einem wackligen Segelboot durch stürmische See geschafft. Bei der Einreise nach Kolumbien gab es Probleme. Die Yacht durfte in dem kleinen Hafen von Turbo nicht anlegen und sollte 150 Seemeilen weiter bis nach Cartagena fahren. Nach langen Diskussionen konnten sie dann doch bei der Küstenwache an Land. Inzwischen sind sie elf Monate unterwegs. Die Maschinen halten gut, der Hund lässt sich nach der Gassi-Runde brav wieder ins Topcase-Körbchen setzen.

Eine Gruppe Brasilianer plaudert ebenfalls am Anleger. Für sie ist die Tour an die Südspitze ihres Kontinents ein ähnlicher Trip wie für Mitteleuropäer die Fahrt zum Nordkap in Norwegen – nur viel länger.

Den ganz langen Weg genommen hat ein Pärchen aus Litauen. Über Indien und Ostasien sind sie nach Australien gefahren und weiter per Frachter nach Chile. In Osttimor warteten sie monatelang auf die Weiterfahrt, weil Australien nur absolut saubere Fahrzeuge auf den Kontinent lässt. Drei Jahre sind sie schon mit den beiden älteren F 800 unterwegs. Bis nach Kanada möchten sie noch und dann über Wladiwostok und den sibirischen Highway zurück ins Baltikum.

Nach einer Stunde löst sich das spontane interkontinentale Motorradtreffen wieder auf. Die Fähre schiebt sich langsam an die Auffahrrampe. Das amerikanische Festland liegt hinter mir.

Feuerland ist eine Insel mit vielen tiefen Buchten und schneebedeckten Bergen.

Großzügig eingezäunte Weiden, Ölpumpen und karge Hügel wechseln sich entlang der guten Teerstraße ab. Am Abzweig nach Rio Grande, zur argentinischen Grenze, warten noch dreißig Kilometer üble Piste. Jeder entgegenkommende Lastwagen hüllt den Weg in eine dichte Staubwolke. Daneben entsteht schon die Teerstraße bis zum Grenzübergang. Den unkomplizierten Formalitäten folgt eine acht Kilometer lange und recht breite Schotterpiste, neben der Hunderte Schafe grasen – wenn sie nicht gerade gemächlich auf die andere Seite wandern. Schlechter einzuschätzen als die großen Tiere sind die vielen Lämmer, die hektisch dem Geblöke der Muttertiere folgen. Aber wer in Feuerland ankommt, sollte sich an die Tücken von Herden-Durchfahrten gewöhnt haben. Hinter dem argentinischen Posten liegt wieder so ein Nest, San Sebastián, am kalten Südatlantik, das man am besten mit der Vokabel »gottverlassen« beschreiben möchte. Rio Grande ist erstaunlich weitläufig und erstaunlich hässlich, ein wichtiger Militärstützpunkt zwischen den Malvinas und der chilenischen Grenze.

Unerbittlich weht der Wind zwischen den Tanksäulen der neuen Repsol-Tankstelle. Die Frauen, die als Tankwartinnen draußen arbeiten, sind vermummt, um den Staubwolken zu entgehen, die der Südwest-Wind herantreibt. Drinnen ist es warm und gemütlich. Heißer Kaffee, frisch aufgebackene Plätzchen und herzhafte Imbisse werden in dieser Oase der Zivilisation aufgetischt.

Letzter Stopp vor Ushuaia. Draußen sind dunkle Wolken aufgezogen. Noch einmal werden die Rückenschmerzen betäubt. Trotzdem kostet es einige Überwindung, sich für die letzten

150 Kilometer hinaus in die nasse Kälte zu bewegen. Eigentlich hätte ich nach der langen Anfahrt mehr Euphorie erwartet. Die gab es auch, zuletzt an der Fähre, mit Feuerland im Blick. Jetzt gilt es nur noch anzukommen.

An einer verlassenen Schaf-Farm vorbei, einer ausgedehnten Estancia mit vielen Nebengebäuden, führt die Straße ein schönes Stück am Atlantik entlang. Über baumarmes Hügelland geht es zum Fagnano-See, einem langgestreckten, großen Gewässer, das an norwegische Fjorde erinnert. Noch einmal windet sich die Ruta 3 zum Aussichtspunkt über dem Escondido-See hinauf. Der 500 Meter hohe Pass ist die letzte Hürde vor dem Ortseingang von Ushuaia. Am Aussichtspunkt führt der alte Fahrweg in engen Kehren den steilen Hang zum Meer hinab. Spuren aus noch nicht lange zurückliegenden Zeiten, als die Fahrt zum »Fin del Mundo« viel härtere Strapazen bedeutete als einen Kampf mit stetem Wind und dünnem Tankstellennetz.

Regenwald bedeckt die Berghänge vor den letzten 40 Kilometern. Nun taucht doch so etwas wie Euphorie auf. Alle Schmerzen sind vergessen, das Ende der Welt fast in Sicht. Kurz vor Ushuaia beginnt es zu schneien. Im Hafen liegt ein riesiger russischer Eisbrecher. Später kommt ein kleineres Kreuzfahrt-Schiff hinzu. Die Touristen strömen zum Denkmal fürs Erinnerungsfoto.

Fin del Mundo. Ich bin tatsächlich in der südlichsten Stadt der Welt. Allein von Kanada nach Feuerland gefahren und mit vielen schönen Erlebnissen im Gepäck heil angekommen. 54° 48′ S, 68° 18′ W. Das Allerschönste am Ziel: Es ist noch nicht das Ende der Reise.

Wie geht´s nun zurück?

Wer nicht mit dem Motorrad von Feuerland nach Hause fahren möchte, kann versuchen, das Bike vor Ort zu verkaufen. Vielleicht an einen anderen Touristen, der mit der Maschine wieder nach Norden fährt. Es gibt auch Händler verschiedener Motorradmarken in Ushuaia. Keine gute Idee ist der Rücktransport der Maschine vom Hafen aus. Die Seefracht über Buenos Aires ist vergleichsweise teuer.

Man kann sich auch selbst mit dem Motorrad auf den Seeweg nach Norden machen. In Chile fährt eine Fähre alle paar Tage von Puerto Natales nach Ríos Montt. Dauert drei Tage und bietet schöne Aussichten – bei gutem Wetter. Durch Zentralchile kommt man dann über die Autobahn zügig nach Santiago und in die Hafenstadt Valparaiso. Die Schilderungen der Reisenden, die mit der Fähre unterwegs waren, reichen von extrem überwältigenden Landschaften bis zu extrem langweiligen Regentagen. Für mich wäre der Trip nur eine Notlösung.

Mit der eigenen Maschine ist die Ruta 40 viel verlockender. Vorbei an Gletschern, Seen, kleinen Pionierstädten und leeren Landschaften. Die Straße wird zügig geteert. In ein paar Jahren muss die legendäre »Quaranta« wie die Ruta 3 an der Küste eine gut ausgebaute Verbindung sein. Aus den alten Tankstellen mit den manchmal leeren Zapfsäulen und den tausend Aufklebern an den Scheiben, die von vergangenen Abenteuern der Motorrad- und Geländewagenabenteurer erzählen, werden dann moderne YPF-Stationen mit WLAN und frischgebackenen Plätzchen. Noch ist die Abenteuerreise-Romantik spürbar. Da muss es langgehen.

Jetzt gilt es erst einmal, die Rückenschmerzen auszukurieren und wieder richtig atmen zu können. Sonst wäre die Fähre in Puerto Natales Plan B. Dahin sind es immerhin fast 800 Kilometer. Die Maschine bekommt ebenfalls eine Pause. Die Kette wird nachgespannt, das Öl gewechselt. Ansonsten ist sie mit 30.000 Kilometern auf dem Tacho fitter als ihr Fahrer und frei von Schrammen.

Die Spaziergänge durch Ushuaia zeigen ein paar Straßenzüge mit Cafés, vielen Hotels und wenig ansehnlichen Vierteln außerhalb des Stadtzentrums. 56.000 Menschen leben in der südlichsten Stadt der Welt, Tendenz abnehmend. Vor einem hübschen Holzhaus weht die schwarz-rot-goldene Bundesflagge. Hier steht das deutsche Konsulat.

Die meisten Touristen kommen direkt mit dem Flugzeug und auf Kreuzfahrtschiffen. Von Ushuaia aus kann man auch in die eisigen Buchten der Antarktis reisen. Ein besonderer Ausflug auf den sechsten Kontinent, der den Touristen einige Tausend Euro wert ist.

Am Marinestützpunkt direkt neben der Innenstadt erinnern Graffiti und eine große Tafel an die tragische Geschichte der »ARA General Belgrano«. Das Schiff war ein schwerer Kreuzer aus dem zweiten Weltkrieg, hatte 1941 den Angriff auf Pearl Harbor unbeschadet überstanden. Die argentinische Marine hatte den Koloss noch 1982 im Krieg um die Falklandinseln im Dienst. Der veraltete Eisenhaufen war ein leichtes Ziel für die britischen Seestreitkräfte. Auf dem Weg von Ushuaia in Richtung der Malvinas versenkte das britische Atom-U-Boot Conqueror das Flaggschiff der argentinischen Marine draußen im Atlantik. Hunderte Matrosen und junge Seekadetten ertranken.

Meine Gedanken kehren von der Tragödie auf dem Meer zurück auf die Straße vor mir. Trotz meiner langen letzten Etappen nach Feuerland habe ich entlang der Ruta 3 nicht wirklich etwas Sehenswertes verpasst. Nun ist der Zeitplan entspannter. Falls meine Beschwerden zurückkehren, könnte ich auch die Fähre nehmen. Drei Tage auf einem Schiff durch die Fjorde Südchiles. Das Stück über die Autobahn nach Valparaiso sollte auch mit Schmerzmitteln zu schaffen sein.

Nach einigen Tagen sind die Beschwerden weg und das Reisefieber zurück. Der tiefe Süden Chiles lockt.

Im Schneeregen fahre ich die Kurven durch den kalten Regenwald zum Mirador am Lago Escondido hinauf. Ein letzter Halt mit Blick auf die Berge vor Ushuaia. Wehmut kommt auf. Ich bin am südlichsten Ende des Straßennetzes gewesen. Habe dafür gefroren, geschwitzt, hin und wieder die Zähne zusammengebissen. Wind und Schneetreiben überstanden. Alle Arten von Straßen gefahren. Immer wieder überwältigende Landschaften gesehen und unfassbar chaotische Stadtverkehre überstanden. Freundliche, bescheuerte, interessante und ganz selten unangenehme Menschen getroffen. Mit hilfsbereiten Polizisten, grimmigen Militärposten, gleichgültigen Grenzern verhandelt. Mit durchgeknallten Taxifahrern und heißblütigen Busfahrern die Straße geteilt, versucht, das Stückchen zu ergattern, das meine Suzuki brauchte. Kein Tier überfahren.

Nun spüre ich sogar etwas Milde gegenüber den wilden Hunden, die mir so oft in die Quere gekommen sind – oder umgekehrt.

Adios, Ende der Welt. Ein Windstoß reißt mich aus den Gedanken. Dunkle Wolken drohen, es könnte gleich wieder schneien. An Rio Grande vorbei geht es zurück zur Grenze. Die vermummten Mädchen vor der Repsol-Tankstelle sind so liebenswürdig wie bei der Hinfahrt. Drinnen gibt es noch einmal Sandwich, Kaffee und Wärme. An der Grenze geht alles wieder zügig. Auf der chilenischen Seite nehme ich statt der tiefen

Furchen der provisorischen Piste schon den festen Unterbau der neuen Trasse. Es ist kein Problem, an den Absperrungen für Autos vorbeizufahren. An der Kreuzung bei Onaisin weist der Wegweiser nach Punta Arenas nach rechts. Ich fahre geradeaus. Porvenir heißt das kleine Fischerdörfchen am Ende der wunderschönen Schotterstraße am Meer entlang. Zwei Pickups kommen mir auf den nächsten 80 Kilometern entgegen, ein anderer überholt mich. Ansonsten bin ich allein mit den herrlichen Ausblicken aufs Meer und die schneebedeckten Berge. Einsam liegen ein paar Schaf- und Rinderfarmen in den grünen, bachdurchzogenen Niederungen.

Porvenir heißt übersetzt »Zukunft«, doch hier scheinen die besten Zeiten wohl schon vorbei. Viele der überwiegend aus Holz gebauten Häuser sind halb verfallen oder stehen leer. Das alte Kino ist geschlossen. Im Hotel hängen Bilder vom Besuch Allendes, des sozialistischen Präsidenten, der 1974 durch einen Militärputsch entmachtet und dann ermordet wurde. Am Ortsrand beginnt die neue Teerstraße nach Norden, zur Magellanstraße.

Ich nehme einen anderen Weg. Am Rande der Bucht fährt täglich die Fähre nach Punta Arenas ab. Die südlichste Großstadt der Welt liegt zwei Bootsstunden entfernt am anderen Ufer des »Canal Ancho«.

Überall hier tief im Süden stehen andere Motorräder neben der schwarz-gelben Suzuki am Anleger. Diesmal ist es nur eine Yamaha XV 750 mit blauem Tank und einigen Schrammen. Gerald ist ein erfahrener Weltreisender. Mit dem Fahrrad vom Peloponnes nach England, mit dem Motorrad durch den Kaukasus und nach Südamerika, zu Fuß zum Wandern ins Rhodopen-Gebirge. Geschichten hätte er für einige Schiffsreisen auf Lager. Der gebürtige Engländer lebt eigentlich in Australien.

Und schnell stellen wir Gemeinsamkeiten fest. In meinem Büro hängen seit vierzehn Jahren ein großes Bild vom Strand bei Port Douglas und einige Bilder vom Great Barrier Reef. Fotografiert von Künstlern aus Cairns. Für die hat Gerald die Bildbearbeitung gemacht. Und dem Meisterfotografen Peter Lik, von dem die Strandaufnahme stammt, hat er das Entwicklungsequipment abgekauft, als dieser in die USA zog.

Wir tauschen Erfahrungen unserer Reisen aus. Anekdoten. Natürlich hat Gerald eine Hundegeschichte auf Lager. Als er ein halb verfallenes Kloster in Georgien anfuhr, lauerte ihm an dem einsamen Bergpfad ein halbes Dutzend Hunde auf. Mit viel Gas kam er an ihnen vorbei. Nach der Klosterbesichtigung wurde ihm klar, was die verwilderten Köter wohl auch schon erkannt hatten: Es gab nur einen Weg hinein und heraus aus den Bergen. Hinter einer Kurve ging die Meute wieder laut kläffend auf ihn los. Er war fast durch, als ein Hund direkt unter seinen Motorschutz geriet und er mit knallhart eingestellter Federung einen riesigen Satz machte und den Hund noch mit dem Hinterrad überrollte. Das Kläffen und Knurren wurde zum Gejaule, Gerald beging mit schlotternden Knien Unfallflucht.

Draußen kräuselt der kühle Südwestwind die Wellen. Die Passagiere füllen die warmen Sitzbänke unter Deck. Anlegen und Abfahren sind Routine. Ein altes Schnellboot liegt auf dem Trockenen, Erinnerung an irgendeine Auseinandersetzung zwischen den beiden Ländern, die sich das Ende Amerikas teilen.

In Punta Arenas herrscht erstaunlich dichter Verkehr, viele Hotels sind ausgebucht. Eine herbe Stadt, wie das Wetter, das trotz Sonnenschein frösteln lässt. Nach den Tagen in Ushuaia springt kein Funke über. Chile ist das modernste Land Südamerikas, Punta Arenas ein ungemütlicher Ort.

Sonnige Grenze

Von fern grüßen die Torres del Paine. Die steil aufragende Berggruppe dominiert mit ihren drei Granittürmen die Ebene vor Puerto Natales. Am Fähranleger ist nichts los. Rückenschmerzen und Atembeschwerden sind weg, das Antibiotikum aufgebraucht, die Suzuki fit wie immer. Kein Grund, die Fähre nach Chile zu nehmen.

Ich fahre weiter auf die Torres del Paine zu. Am Grenzübergang in Cerro Castillo wird das Metalltor noch für jedes Fahrzeug einzeln geöffnet. Die Teerstraße endet, noch einmal warten Schotter und zerfurchte Fahrspuren. Durch eine wunderschöne hügelige Landschaft mit sattgrünen Wiesen und bunten Frühlingsblumen geht es über einen flachen Bergsattel hinüber auf die argentinische Seite der Anden. Nach zehn Minuten liegt unten im Tal einsam eine große Farm. Neben einem Schlagbaum steht ein kleines Gebäude. Zwei Frauen und ein Mann, alle Mitte 20 und nicht uniformiert, sitzen davor plaudernd in der Sonne.

Als ich ins Zollhaus eintrete, gehen sie durch eine Seitentür hinter den Tresen. Keine fünf Minuten später habe ich alle Stempel im Pass, der Plausch in der Sonne wird fortgesetzt. Die 22. und vorletzte Einreise-Abfertigung ist die kürzeste. Das hätte ich mir für die mehrstündigen Veranstaltungen in der Hitze Nicaraguas oder Panamas gewünscht.

Kunst beim Bau

Das Auto sieht so grotesk abgewrackt aus. Eine Leiter auf dem Dach, Farbeimer auf dem Beifahrersitz, Rost und ausgetauschte Kotflügel. Wohl kein Vehikel für Ästheten. Ich fotografiere den vermeintlichen Schrotthaufen. In dem Moment kommt der Meister, ein Maler und Anstreicher, aus dem kleinen Restaurant neben der Tankstelle. Er amüsiert sich über mein Fotomotiv. Dann fragt er, ob ich einen Kugelschreiber habe. Ja sicher, den braucht man bei jedem Grenzübertritt.

Er fischt ein durchgeschnittenes DIN-A4-Blatt aus dem Handschuhfach, nimmt die unbedruckte Rückseite. Drei Minuten später ist das Selbstporträt von Julio Olivia fertig, mit Zigarettenstummel im Bart und dem Gruß aus Rio Mayo. Ein »Mann aus Patagonien in Argentinien« schreibt er dazu. Er schenkt mir sein Werk, ich überlasse ihm den Kugelschreiber vom Dortmunder Messeteam. Eine lustige kleine Zeichnung, lachend verabschieden wir uns. Ich lege in dem Restaurant an der Tanke in Rio Mayo eine Pause ein, er spachtelt weiter in einem Raum nebenan. Wieder so eine nette Begegnung irgendwo am Weg, ein kurzes Gespräch, ein kleiner Scherz mit (meistens) gut gelaunten Leuten.

Gletscher Perito Moreno

Perito Moreno, der Gletscher des Nationalparks Los Glaciares, ist ein touristischer Hotspot Argentiniens. Im Bistro am Ortseingang von El Calafate kauft ein junges Pärchen Eis. Sie sind aus Deutschland und eigentlich in Punta Arenas im Hotel. Morgens um 5 Uhr hat sie der Bus abgeholt und die 500 Kilometer hierher gefahren. Nach zwei Stunden am Gletscher geht es zurück nach Chile. Mehr Zeit haben sie auf ihrer Südamerika-Rundreise nicht. Knappes Timing, oder?

Ich lasse es langsamer angehen, kaufe frisches Kettenspray und lade mich selbst erst einmal in eines der vielen argentinischen Grillrestaurants zum Abendessen ein.

Zum Geldautomaten gehe ich dummerweise nicht.

Am nächsten Vormittag rolle ich im Licht der Morgensonne auf die steilen Berge zu. Am Eingang des Nationalparks ist Eintritt fällig. US-Dollar und chilenische Peso nehmen die Staatsbediensteten nicht. Dabei könnte der Finanzminister in Buenos Aires im von wirtschaftlichen Dauerkrisen geschüttelten Argentinien jeden Cent gebrauchen.

Kartenzahlung geht auch nicht. Mein Argument, nach 25.000 Kilometern Anreise müsse sich doch ein Weg finden, die umgerechnet sieben Euro zu zahlen, um den Gletscher zu sehen, beeindruckt sie nicht. 16 Stunden hat das deutsche Pärchen im Bus gesessen, um den Gletscher Perito Moreno zu sehen. Ich soll jetzt eine Viertelstunde Motorradtour vor dem Ausflugsziel scheitern? So sieht's aus.

Zurück zum Geldwechsel nach El Calafate wäre nun Plan A. Kostet gut zwei Stunden Fahrt.

Ich bin mit Plan B beschäftigt, gucke mir die Wiesen und Wälder der Umgebung an. Wozu habe ich eine Enduro? Vielleicht komme ich ohne Eintritt in den Park, wenn die Argentinier partout meine harten Devisen nicht wollen.

Doch dann rollen sechs Reise-Enduros an den Kontrollposten heran. Deutsche Fabrikate, mit brasilianischen Kennzeichen. Der Park-Ranger kassiert den Eintritt, den sie in argentinischen Pesos flüssig haben, und macht sie auf mein Problem aufmerksam. Die netten Brasilianer zahlen ohne zu zögern für mich mit. Biker-Ehre gibt's auch in Brasilien.

Da sie noch nach Feuerland wollen, bestehe ich darauf, ihnen den Betrag in chilenischer Währung zu erstatten. Dann touren wir gemeinsam durch die zerklüftete, felsige Landschaft. Hinter einer Kurve beginnt der See, dahinter ragt die 150 Meter hohe weiße Wand der Gletscherzunge über das milchig-blaue

Eiswasser. Auch nach 25.000 Kilometern Amerikatour und vielen tollen Landschaften ein faszinierender, überwältigender Anblick.

Gepäck habe ich an diesem Morgen nicht auf der Maschine, eigentlich kann nichts wegkommen. Also parke ich das Motorrad und nehme das kleine Boot, das wenige Meter an die senkrechte Eiswand im See heran fährt. Zahlen mit US-Dollar ist hier kein Problem. Beim An- und Ablegen müssen alle 50 Passagiere unter Deck – mit angelegten Schwimmwesten. Die Gefahr, dass ein Stück vom Gletscher in den See stürzt und eine heftige, meterhohe Flutwelle auslöst, ist groß.

Es gibt Bilder von solchen Ereignissen im Netz, mit Passagieren, die in Panik geraten und verletzt werden. Der Gedanke sorgt auf der halbstündigen Tour an der Gletscherzunge entlang für Nervenkitzel. Der Bootsführer behält die weiße Wand genau im Auge. Es knirscht, quietscht, plätschert aus dem Eis. Als ein Stück herausbricht und eine gut einen Meter hohe Welle hinaus auf den See läuft, hat der Kapitän schon längst gebührenden Abstand genommen.

Gegen Abend wirkt die Landschaft mystisch. Die meisten Touristen sind wieder weg, die Boote vertäut. Dunkel erheben sich die Berge. Kahle Geröllfelder ziehen sich entlang der weißen Schneise des Eises, die bis in die weiß-blauen Fluten reicht. Dahinter versinkt langsam die Sonne.

Am Ende der Rattenlinie

Bariloche hat viele deutsche Siedler angezogen. Der Hausberg der Stadt heißt »Otto«, eine Hauptstraße »Elflein«. Manche Häuser in Hanglage erinnern an deutsche Vorstadtsiedlungen. Nach dem zweiten Weltkrieg war die Stadt eines der Ziele der

»Rattenlinie«. Nazis gelangten ab 1945 über die Häfen Norditaliens nach Südamerika. Am Fuße der Anden tauchten sie in den dortigen deutschen Gemeinschaften unter. Bei Bedarf war Chile auf Schmugglerrouten schnell erreichbar. Erst Jahrzehnte nach Kriegsende wurden einige alte Nazigrößen hier aufgespürt und bestraft. Die meisten konnten, wie der berüchtigte KZ-Arzt Mengele, bis zu ihrem Tod in Südamerika untertauchen.

Abends hat in der Fußgängerzone eine Buchhandlung mit einem großen Antiquariat noch geöffnet. Ein später Besucher plaudert mit dem mindestens 70 Jahre alten Bibliothekar. Nur ein Buch in deutscher Sprache steht zwischen den spanischen und englischsprachigen Werken noch im Regal. Eine bebilderte Ausgabe des Struwwelpeter. 70 Jahre nach dem Ende der Rattenlinie scheinen die Spuren brauner Vergangenheit verwischt.

Sieben traumhafte Seen

Zwischen Bariloche und San Martin führt über den Ferienort Villa La Angostura der »Camino de los Siete Lagos«. Das ist ein besonders bezauberndes Stück der alten Ruta 40 entlang verwunschener Seen, rauschender Wasserfälle und mächtiger Berge. Einige Dutzend besonders idyllische Kilometer sind noch lange nicht geteert, aber gut befahrbar. Wer hier mit dem Motorrad unterwegs ist, sollte diese Strecke entlang eines fantastischen Bergpanoramas und tiefblauer Seen nicht auslassen.

Che Guevara ist dieser Teil der Strecke entgangen. Der kam 1952 mit seiner ausgelutschten Norton 18 nur bis San Martin. Dort erinnert ein einfaches, leicht in die Jahre gekommenes Museum mit Fotos und einer alten Tanksäule an das Ende seiner Motorradtour, die im argentinischen Cordoba begann.

Die englische Einzylinder-Maschine aus den dreißiger Jahren hatte 490 Kubik und 21 PS und musste neben dem angehenden Revolutionär noch das Gepäck und seinen Freund Granado neun Monate lang durch die Anden schleppen. Nach bis zu neun Stürzen am Tag, Rahmenbrüchen, einem Getriebeschaden und weiteren Pannen war die Motorradtour im September 1952 in San Martin de los Andes beendet. In seinem Tagebuch über die Motorradreise schrieb Che: »Dieses ziellose Streifen durch unser riesiges Amerika hat mich stärker verändert als ich glaubte.«

Die südlichen Anden wurden dem Castro-Gesellen und Stalin-Verehrer nach der Revolution auf Kuba später noch zum Verhängnis. Beim gescheiterten Versuch, in Bolivien einen Guerillakrieg anzuzetteln, wurde er von Bauern verraten und von der Armee nach seiner Gefangennahme erschossen.

Mich hat die Reise weniger kriegerisch gestimmt, vielleicht weil ich die fünf Monate ganz ohne Sturz überstanden habe. Dafür bereicherte mich die Tour kulinarisch. Noch einmal genieße ich die Küche der Pampa, eine Parrilla. San Martin de los Andes ist meine letzte Station in Argentinien. Mitten im Ort liegt der Badestrand am Ostufer des Lago Lácar, dessen kaltes Wasser bis an den Pass von Hua Hum reicht. Dort beginnt Chile. Eine kaum befahrene Schotterstraße mit atemberaubenden Panoramen führt durch die Hügel oberhalb des Sees zur Grenze. Die Fahrt durch diesen besonders schönen Teil der Anden habe ich einem Biker aus Bilbao zu verdanken.

Der pittoreske Pass von Hua Hum

»Definetely, I would recommend you this road.« Chaime hat sich Zeit genommen und mir eine ausführliche WhatsApp-

Nachricht geschickt, nachdem er die Tagesetappe beendet hat. Wir hatten uns an der Ruta 3 getroffen. Seine BMW kam per Schiffsfracht aus seiner Heimat Bilbao im Baskenland. Damit war er von Valparaiso kommend über Ushuaia unterwegs nach Norden.

Ich gab ihm während der Kaffeepause ein paar Tipps für den Weg nach Bolivien. Vorher wollte er in Bahia Blanca noch beim BMW-Händler vorbei. An seiner GS 1200, Baujahr 2016, verhinderte das gebrochene vordere Federbein schnelleres Fortkommen. Meine Frage nach dem Zustand der Ruta 40 beantwortet er nun ausführlich.

Die Torres del Paine, der Gletscher von Perito Moreno, Bariloche, San Martin. Bei den Zielen waren wir uns einig. Abseits der inzwischen fast überall gut ausgebauten Ruta 40 hatte er einige schöne Tipps. Statt der Hauptroute über Punta Delgada sollte ich die kleine Fähre von Porvenir nach Punta Arenas nehmen, verbunden mit einer herrlichen Schotterstraße entlang der Küste. Vor den Torres del Paine wartet der idyllische und einsam gelegene Grenzübergang am Río Don Guillermo.

Mit Vorsicht zu genießen sei die 700 Kilometer lange Strecke von El Calafate nach Perito Moreno City. Da gebe es nach 250 Kilometern die legendäre Tankstelle in Tres Lagos und von da aus seien es fast 400 Kilometer zum nächsten Spritpunkt in Bajo Caracoles, wo man schon mal einige Tage auf den Tankwagen warten müsse. Man könne aber einen nur 70 Kilometer langen Umweg über Gobernador Gregores nehmen. Da vermeide man eine mit tiefem Schotter angefüllte Straße und finde zuverlässig Treibstoff. So war es, siehe oben.

Richtig toll war sein Hinweis auf den Paso Hua Hum. Eine schmale, unbefestigte Bergstraße führt nördlich von San Martin hinauf in den Nationalpark. Weites Land, sanfte Berge.

Immer wieder glänzt die Wasserfläche des Lácar-Sees in der grün-braunen Landschaft.

Vor dem Grenzposten steht ein kleiner Gasthof am See, der geschlossen hat. Die Grenzer sind freundlich und professionell. Ein Kleinwagen mit chilenischen Touristen ist die einzige Gesellschaft. Weiter geht's. Dann kommt ein dichter Wald mit sehr steiniger Straße und nach dem modernen chilenischen Abfertigungsgebäude ist bald Pirihueico erreicht. Das winzige Dörfchen ist nur über die mehrstündige Fährpassage von Puerto Fuy zu erreichen, oder, wie beschrieben, über Argentinien.

Am Fähranleger warten wieder einige Motorradfahrer, Argentinier auf dem Weg zu Thermalquellen in den Bergen.

Die Fahrt mit der kleinen Fähre ist bei schönem Wetter fantastisch. Die weißen Kuppen der Andengipfel überragen die Gebirgslandschaft. Das Schiff zieht an kleinen, bewaldeten Inseln vorbei. Manchmal trennen nur wenige Meter Wasser das Boot von steilen Felswänden.

Die Tour erinnert den Europäer sehr an einen norwegischen Fjord oder an den Gardasee, nur ohne Bauten und Uferstraßen. Ein herrlicher Tag in abgeschiedenen Bergen. »Safe ride« hatte Chaime mir in seiner Nachricht gewünscht. Ich hoffe, er hatte einen ebensolchen durch Bolivien. Muchas Gracias.

Rauch am Vulkan von Villarrica

Der Anleger von Puerto Fuy kommt in Sicht. Die argentinischen Biker schlagen mir vor, mit ihnen eine unbefestigte Route durch die wilden Berge Chiles zu nehmen. Eine gute Stunde gemeinsam nach Norden, dann wollen sie hinauf zu den Thermalquellen in den Bergen. Die Naturstraße ist richtig schlecht, mal schlammig, mal sandig, mit steilen Passagen an stillen Seen und bescheidenen Bauernhöfen vorbei. Ohne meine Begleiter hätte ich mich nicht über diese abgelegene Nebenstrecke getraut.

Die Jungs aus dem Land der Gauchos haben mit ihren großen Reiseenduros viel Spaß beim Ritt durch die Bergwildnis. Mit leichtem Gepäck drehen sie mit südamerikanischem Temperament ordentlich am Gas. Nach den 1000 Stunden auf meiner 650er habe ich auf der engen, kurvigen Strecke allerdings auch keinen Grund zur Zurückhaltung.

An einer Baustellenampel ist unser Pulk wieder zusammen. Über die Bergketten ragt am Horizont der gleichmäßige Kegel des Villarrica und sendet eine kleine graue Rauchwolke in den blassblauen Himmel. Ein einmaliger Augenblick, eine unwiederholbare Tour. Hinter der Ampel wird an einer Brücke für die neue Teerstraße gebaut.

Am Abzweig zu den Thermalquellen halten wir noch einmal, verabschieden uns herzlich.

Chile ist das reichste Land Südamerikas. Rohstoffe wie Kupfer und der Tourismus bringen Geld. Regierung und Rechtsordnung sind für lateinamerikanische Verhältnisse stabil, wichtige Voraussetzung für eine wirtschaftlich positive Entwicklung. Die Preise der Unterkünfte liegen auf deutschem Niveau. Essen gehen ist eher teurer, das Benzin kaum günstiger. Zudem ist das Land dichter besiedelt als Argentinien. Dörfer und Felder ziehen sich weit in die Täler hinein.

Majestätisch ragt der Vulkan Villarrica über die Bergwälder. Es ist Samstag und auf der Teerstraße wird der Verkehr dichter. Ich muss in weitem Bogen um den rauchenden Bergriesen herumfahren, um nach Pucon zu kommen. Der Ausflugsort liegt malerisch zwischen dem See und dem gewaltigen Kegel des Vulkans. Die Ausflügler sitzen auf den Veranden der

Cafés und Restaurants, Junggesellenabschiede werden gefeiert.

Ich bin zurück in der Zivilisation. Die menschenleeren Berge Argentiniens, die kühlen Weiten Feuerlands, die ungemütlichen Pionier-Städte entlang der Atlantikküste liegen weit hinter mir. Hier am Pazifik, an der eigentlich Europa abgewandten Seite Südamerikas, wirkt alles sehr europäisch. Doch der Eindruck entlang der Autobahn nach Santiago, die prosperierenden Landstädte, blühenden Obstgärten und saftigen Weiden zeigen nur eine Seite. Am Stadtrand der Millionenmetropole Santiago türmen sich die Dünen der vorrückenden Wüste. In der alten Hafenstadt Valparaiso brennen Barrikaden aus Autoreifen, und nach ein paar Kilometern enden die Teerstraßen in ärmlichen Dörfern und Vierteln, die fest in der Hand der Drogenmafia sind.

Am Rande von Linares steht ein elegantes neues Hotel. Im Stadtzentrum vergammeln alte Klöster und Kirchen. Im Vorbeifahren sehe ich einen Waschplatz. Schwarze Einwanderer aus Angola betreiben ihn. Die Erde ist ein kleiner Planet. Die einfache Freiluft-Waschanlage ist in die Jahre gekommen, Pfützen stehen auf dem Gelände. Mit alten Eimern, verschmierten Lappen und engagierter Handarbeit werden die Autos trotzdem sauber und auch die Suzuki gewinnt neuen Glanz.

Santiago wäre einen längeren Besuch wert. Pittoreske alte Stadtviertel, schöne Aussichtspunkte, breite Boulevards, Galerien, Museen, Festivals, der nervige Verkehr lateinamerikanischer Millionenstädte.

In der Hauptstadtregion leben doppelt so viele Menschen wie in Berlin. Von Norden drängt die Atacama-Wüste heran. Chile und seine Hauptstadt bekommen den Klimawandel zu spüren. Die Gletscher und das große Eisfeld im Süden schmelzen. An der Autobahn zum Pazifik ist die Landschaft kahl. Nur wo bewässert wird, wächst Wein.

Valparaiso war je nach Windrichtung der erste oder letzte größere Hafen am Pazifik mit entsprechenden Versorgungsmöglichkeiten auf dem Weg um Kap Horn. Da die Stadt Schiffen aller Nationen auf der gefährlichen Passage offen stand, wurde sie nicht befestigt. Statt Kanonenkugeln zerstörten die in Chile häufigen Erdbeben immer wieder Teile der Altstadt.

Nördlich von Valparaiso ragen Appartement-Hochhäuser in abenteuerlicher Hanglage über langen Sandstränden. Statt Gaucho-Gegrilltem wird in den Restaurants frischer Fisch serviert. Nach Süden hin ziehen sich ärmliche Vororte hoch über dem Pazifik entlang.

Die Hafenarbeiter streiken für höhere Löhne. Aus Autoreifen haben sie Barrikaden gebaut und angezündet. Mich erreichen Nachrichten aus Hamburg: Die Verladung des Motorrades kann einige Tage dauern.

Macht nichts. Nach 28.000 Kilometern auf der Sitzbank gibt es Schlimmeres als eine ruhige Woche am Pazifikstrand.

Zeit zum Nachdenken.

Che Guevara schrieb ja: »Dieses ziellose Streifen durch unser riesiges Amerika hat mich stärker verändert als ich glaubte.«

Nun bin ich weder ein Revolutionär, noch war ich ziellos unterwegs. Ich wollte das »riesige Amerika« von Nord nach Süd durchqueren. Die weite Reise, viele interessante Begegnungen und einige kleine Abenteuer, schließlich am Ziel. Und von dort nach ein paar Tagen mit frischem Schwung über die Ruta 40 wieder hinauf in die Anden.

Hat die Reise durch die Amerikas mich verändert?

Sie macht gelassener.

Viele alltägliche Situationen im behüteten und gut geregelten Europa sind es nicht wert, sich darüber aufzuregen, wenn man die Unwägbarkeiten einer solchen Reise erfahren hat.

Sie macht zuversichtlich.

Die Lebensverhältnisse in Lateinamerika bessern sich. Das Bevölkerungswachstum ist in vielen Regionen gestoppt, die Wirtschaft wächst, Straßen, Schulen und Krankenhäuser werden gebaut. Andererseits liegt ein friedvoller, sicherer Alltag noch dort in weiter Ferne, wo die Wälder brennen und die Staatsgewalt korrupt und unzuverlässig ist.

Sie macht demütig.

Die unendliche Weite der Landschaften zwischen der kanadischen Prärie und den patagonischen Steppen. Die unwirtlichen Bergregionen der Anden, die dunklen Dschungel des Amazonasbeckens, die mächtigen Bauten der Indios, die kühlen Wellen des Pazifiks, die grünen Lagunen hinter den Karibikstränden – der Mensch ist klein gegen das ewige Schauspiel der überwältigenden Natur.

Sie macht besorgt.

Innerhalb von zwölf Stunden bin ich vom Pazifik über die 500 Jahre alte Kolonialstadt Arequipa hinauf auf den 4500 Meter hohen Pass zum Titicacasee gefahren. Dort erinnerte mich die Höhenkrankheit an die obere Grenze der für Menschen bewohnbaren Welt. Plastiktüten hingen ebenso im

Strandsand wie an den Zäunen der Lamagehege am Pass. Die Flusstäler um Arequipa herum waren ausgetrocknet, die Kartoffeläcker verlassen, im Kloster von Santa Catalina haben Erdbeben die Mauern einstürzen lassen.

Der wirklich bewohnbare Teil des Planeten ist noch viel kleiner als die Erde selbst. Die Menschen müssen in Zukunft mit ihrem Stück Lebensraum viel vorsichtiger umgehen als bisher.

Zeit des Abschieds

Nach drei Tagen kommt die Nachricht von Oliver Kleinknecht, der sich schon um den Flug der Suzuki nach Kanada gekümmert hat. Ich kann die Maschine am übernächsten Tag zum Zoll bringen. Alles Weitere erledigt Ronny Tesch, ein aus Bremen nach Chile ausgewanderter Speditionsexperte. Ich muss nur noch bei einem Notar in der Stadt die Bevollmächtigung unterschreiben, damit sich Ronnys Firma um die Verschiffung kümmern kann.

500 Kilometer bekommt die V-Strom rund um Valparaiso noch auf den Tacho. Dann fahren wir die letzten gemeinsamen 20 Minuten zum Frachtterminal. In den Packtaschen verbleiben etwas Werkzeug und Ausrüstung. Wegen der Zollkontrollen soll nichts abgeschlossen werden. Zehn Wochen später wird die V-Strom mit 50 anderen Motorrädern aus aller Welt in einer Lagerhalle am Roßhafen in Hamburg stehen. Mit Schlüsseln und dem Inhalt der unverschlossenen Packtaschen. Alles unversehrt, nichts abmontiert. Keine Selbstverständlichkeit, wie Fernreisende leider wissen.

Fünf Monate habe ich im Sattel der 650er verbracht. 19 Ländergrenzen passiert. Fantastische Landschaften gesehen und moderne Metropolen, unterschiedliche Mentalitäten kennengelernt und Jahrtausende alte Kulturen. Die Zeit reichte, um während der 28.500 Kilometer einen Eindruck der Amerikas zu bekommen. Viele Gegenden sind längere Reisen wert. Die gesellschaftlichen Umbrüche in Kolumbien, die gut erschlossene Vielfalt Ecuadors, das schwer zu begreifende Belize, die Maya-Ruinen Guatemalas, Boliviens Dschungel und die Weiten Argentiniens stehen weit oben auf der Best-of-Liste.

Eigentlich möchte ich die Strecke von Kanada und Feuerland noch einmal von Süd nach Nord fahren. Auf etwas anderer Route und mit zwei Jahren Zeit. Noch ein Fazit.

Die Panamerica, eine Traumstraße dieser Welt. Man fährt sie und es bleiben immer noch so viele Träume. Traumhaft.

Hans-Jürgen Weigt

Der Autor Hans-Jürgen Weigt hat in Dortmund Journalistik und Geographie studiert. Als Student war er Mitbegründer des »Syburger Verlag« und der Frühjahrsmesse »MOTORRÄDER« in den Westfalenhallen Dortmund. Nach dem Studium wurde er Gründungsherausgeber verschiedener Publikationen vor allem im Zweiradbereich. Darunter sind die Monatszeitschrift »Motorrad News«, die »Motorrad Szene« und der Jahreskatalog »Motorräder«.

Die fünfmonatige Reise über die Panamericana fuhr Weigt weitgehend solo. Durch 19 Länder führte die Tour von Kanada nach Feuerland. Da die Panamericana in einigen Ländern zur gut ausgebauten und langweilig zu fahrenden Hauptverkehrsachse geworden ist und viele Sehenswürdigkeiten abseits der klassischen Strecke liegen verließ Weigt häufig die Hauptroute. Durch abgelegene Dschungelgebiete, einsame Hochwüsten, chaotische Millionenmetropolen und über unbefestigte Bergstraßen fuhr er 28.500 Kilometer von den kanadischen Rocky Mountains zu den eisigen Inseln Feuerlands. Unterwegs fand er atemberaubende Landschaften und facettenreiche Menschen, bedrückende Strecken wie die »Straße des Todes« in Bolivien, düstere Orte in Ländern wie El Salvador und Nicaragua. Von Ushuaia ging die Reise zurück über die legendäre Ruta 40 in den argentinischen Anden bis nach Valparaiso in Chile.

Erfahrung auf ausgedehnten Motorradreisen sammelte der Autor von der Route 66 bis zum australischen Outback. Unter anderem fuhr er 2013 mit den Journalistenkollegen Andreas Hülsmann und Lothar Baltrusch von Dortmund aus durch Polen, das Baltikum, Rußland, die Mongolei, Zentralchina und Laos bis nach Vietnam. Auf der 18.000 Kilometer langen Tour wurden über 30.000 Euro Spendengelder für Kinderhilfsprojekte in Vietnam und der Mongolei gesammelt. Über die Reise erschien unter anderem die DVD »Der weite Weg zum Patenkind«, die über die Webseite www.zweiradmessen.de bezogen werden kann.

Traumjob Motorradfahren

Sylva Harasim

Print-ISBN: 978-3-933385-69-7
eBook-ISBN: 978-3-945784-05-1

auch als eBook

Sylva Harasim und Martin Schempp plaudern aus dem Nähkästchen

Motorrad-Himmel oder Motorrad-Hölle? Wer schon immer davon geträumt hat, im Motorradsattel sein Geld zu verdienen, erfährt in dem Taschenbuch »Traumjob Motorradfahren« aus erster Hand, wie es hinter den Kulissen der Motorrad-Branche aussieht. Sylva Harasim hat ihr Hobby zum Beruf gemacht: Zuerst als angestellte Fotografin und Grafikerin bei den Zeitschriften Enduro und Tourenfahrer, dann als selbständige Verlegerin im Highlights-Verlag. Nicht alles lief auf diesem Weg glatt, und oft wurde aus dem Motorrad-Himmel die Motorrad-Hölle. In diesem Buch gibt Sylva Harasim Einblicke in die Welt des Motorrad-Journalismus und des Redaktionsalltags, erzählt Geschichten aus einem ungewöhnlichen Leben rund ums Motorrad. Mal witzig, mal spektakulär. Voller Hindernisse, Komplikationen, Hürden und Fallen. Teilweise unglaublich – aber immer wahr.

Atempause

Joachim von Loeben

Von Köln nach Kapstadt

Print-ISBN: 978-3-933385-36-9
eBook-ISBN: 978-3-945784-07-5

auch als eBook

Ein Traum wird wahr – Ein Jahr Auszeit vom Alltag

Im Sattel seiner Africa Twin durchquert Joachim von Loeben den afrikanischen Kontinent von Nord nach Süd, von Köln nach Kapstadt. Fast immer auf sich alleine gestellt, lernt er Afrika fernab aller Klischees und Postkartenromantik kennen. Er durchquert glühende Wüsten, eiskalte Gebirge und feuchte Regenwälder. Er trifft Menschen unterschiedlichster Hautfarbe und Abstammung, deren Gastfreundschaft und Herzlichkeit seine bisherigen Wertmaßstäbe in Frage stellen.

Als Joachim von Loeben ein Jahr und 50.000 Kilometer später nach Deutschland zurückkehrt, ist er ein anderer Mensch. So sehr haben ihn die zurückliegenden Erlebnisse und Erfahrungen geprägt. Eine Rückkehr in den alten Beruf, zu den früheren Freunden ist schwierig geworden. Sein Leben wird deshalb wohl einen anderen Lauf nehmen. Wohin auch immer es ihn führen wird – er freut sich schon darauf.

MOTORRÄDER
DORTMUND
Neuheiten
Action
Show
Jährlich
Anfang März
Messe Dortmund
zweiradmessen.de
motorraederdortmund
Motorräder Dortmund